BIBLIOTHÈQUE

DES

VOYAGES,

CONTENANT

LA RELATION DE TOUS LES VOYAGES INTÉRESSANS

ENTREPRIS DEPUIS 1400 JUSQU'A NOS JOURS.

TOME QUINZIÈME.

PARIS,

FROMENT, RUE DAUPHINE, N. 24.

AUDIN, QUAI DES AUGUSTINS, N. 25.

1830.

BIBLIOTHÈQUE

GÉNÉRALE

DES VOYAGES.

PREMIÈRE SÉRIE.

LA HARPE.

TOME XV.

IMPRIMERIE DE A. BELIN,
Rue des Mathurins-Saint-Jacques, n. 14.

Prêtres ou Moines de Fô.

BIBLIOTHÈQUE

GÉNÉRALE

DES VOYAGES,

CONTENANT

LA RELATION DE TOUS LES VOYAGES INTÉRESSANS
ENTREPRIS DEPUIS 1400 JUSQU'À NOS JOURS

TOME XV.

Paris.

FROMENT, RUE DAUPHINE, N° 24;

AUDIN, LIBRAIRE, QUAI DES AUGUSTINS, N° 25.

1830.

HISTOIRE

GÉNÉRALE

DES VOYAGES.

SECONDE PARTIE.

ASIE.

LIVRE III.

PARTIE ORIENTALE DES INDES.

Suite du

CHAPITRE I.

Arakan, Pégou, Bouton, Assam, Cochinchine.

A cinq ou six lieues de Garachepour, on entre sur les terres du radja de Népal, qui s'étendent jusqu'aux frontières du royaume

1*

de Boutan. Ce radja, vassal et tributaire du grand-mogol, fait sa résidence dans la ville de Népal. Son pays n'offre que des bois et des montagnes. On entre de là dans l'ennuyeux espace qu'on vient de représenter, et l'on retrouve ensuite des boucs, des chameaux, des chevaux, et même des palekis. Ces commodités ne cessent plus jusqu'à Boutan. On marche dans un fort bon pays, où le blé, le riz, les légumes et le vin sont en abondance. Tous les habitans de l'un et de l'autre sexe y sont vêtus, l'été, de grosse toile de coton ou de chanvre, et l'hiver, d'un gros drap, qui est une espèce de feutre. Leur coiffure est un bonnet, autour duquel ils mettent pour ornement des dents de porc et des pièces d'écaille de tortue, rondes ou carrées. Les plus riches y mêlent des grains de corail ou d'ambre jaune, dont les femmes se font aussi des colliers. Les hommes, comme les femmes, portent des bracelets au bras gauche seulement, et depuis le poignet jusqu'au coude, avec cette différence que ceux des femmes sont plus étroits. Ils ont au cou un cordon de soie, d'où pendent quelques grains de corail ou d'ambre, et des dents de porc. Quoique fort livrés à l'idolâtrie, ils mangent toute sorte de viande, excepté celle de vache, parce qu'ils adorent cet animal, comme la nourrice du genre humain. Ils sont passionnés pour l'eau-de-vie, qu'ils font de riz et de sucre, comme dans la plus grande partie de l'Inde. Après leurs repas, surtout dans les festins qu'ils donnent à leurs amis, ils brûlent de l'ambre jaune : ce qui le rend cher et fort recherché dans le pays.

Le roi de Boutan entretient constamment autour de sa personne une garde de sept à huit mille hommes, qui sont armés d'arcs et de flèches, avec la rondache et la hache ; ils ont depuis long-temps l'usage du mousquet et du canon de fer. Leur poudre a le grain long ; et celle que l'auteur vit entre les mains de plusieurs marchands était d'une force extraordinaire. Ils l'assurèrent qu'on voyait sur leurs canons des chiffres et des lettres qui n'avaient pas moins de cinq cents ans. Un habitant du royaume n'en sort jamais sans la permission expresse du gouverneur, et n'aurait pas la hardiesse d'emporter une arme à feu, si ses plus proches parens ne se rendaient caution qu'elle sera rapportée. Sans cette difficulté, Tavernier aurait acheté des marchands de ce pays un de leurs mousquets, parce que les caractères qui étaient sur le canon rendaient témoignage qu'il avait cent quatre-vingts ans d'ancienneté. Il était fort épais, la bouche en forme de tulipe, et le dedans aussi poli que la glace d'un miroir. Sur les deux tiers du canon, il y avait des filets de relief et quelques fleurs dorées et argentées : les balles étaient d'une once. Le marchand, étant obligé de décharger sa caution, ne se laissa tenter par aucune offre, et refusa même de donner un peu de sa poudre.

On voit toujours cinquante éléphans autour du palais du roi, et vingt ou vingt-cinq chameaux qui ne servent qu'à porter une petite pièce d'artillerie d'environ une demi-livre de balles. Un homme, assis sur la croupe du chameau, manie d'autant plus facilement cette pièce, qu'elle est sur une espèce de fourche qui tient à la selle, et qui lui sert d'affût. Il n'y a pas au monde un souverain plus respecté de ses sujets que le roi de Boutan : il en est comme adoré. Lorsqu'il rend la justice ou qu'il donne audience, ceux qui se présentent devant lui ont les mains jointes, élevées sur le front ; et se tenant éloignés du trône, ils se prosternent à terre sans oser lever la tête. C'est dans cette humble posture qu'ils font leurs supplications ; et, pour se retirer, ils marchent à reculons, jusqu'à ce qu'ils soient hors de sa présence. Leurs prêtres enseignent, comme un point de religion, que ce prince est un dieu sur la terre ; cette superstition va si loin, que chaque fois qu'il satisfait au besoin de la nature, on ramasse soigneusement son ordure pour la faire sécher et mettre en poudre ; ensuite on la met dans de petites boîtes qui se vendent dans les marchés, et dont on saupoudre les viandes. Deux marchands du Boutan, qui avaient vendu du musc à l'auteur, montrèrent chacun leur boîte, et quelques pincées de cette poudre, pour laquelle ils avaient beaucoup de vénération.

Les peuples de Boutan sont robustes et de belle taille ; ils ont le visage et le nez un peu plats. Les femmes sont encore plus grandes et plus vigoureuses que les hommes ; mais la plupart ont des goîtres fort incommodes. La guerre est peu connue dans cet état : on n'y craint pas même le grand-mogol, parce que, du côté du midi, la nature a mis de hautes montagnes et des passages fort étroits qui forment une barrière impénétrable. Au nord, il n'y a que des bois, presque toujours couverts de neige ; des deux autres côtés, ce sont de vastes déserts, où l'on ne trouve guère que des eaux amères. Si l'on y rencontre quelques terres habitées, elles appartiennent à des radjas sans armes et sans forces. Le roi de Boutan fait battre des pièces d'argent de la valeur des roupies : ce qui porte à croire que son pays a quelques mines d'argent, cependant les marchands que Tavernier vit à Patna ignoraient où ces mines étaient situées. Leurs pièces de monnaie sont extraordinaires dans leur forme : au lieu d'être rondes, elles ont huit angles, et les caractères qu'elles portent ne sont ni indiens ni chinois. L'or de Boutan y est apporté par les marchands du pays qui reviennent du Levant.

Leur principal commerce est celui du musc.. Dans l'espace de deux mois que les marchands passèrent à Patna , Tavernier en acheta d'eux pour vingt-six mille roupies. L'once, dans la vessie , lui revenait à quatre livres quatre sous de notre monnaie ; il la payait huit francs hors de vessie. Tout le musc qui entre dans la Perse vient de Boutan, et les marchands qui font ce commerce aiment mieux qu'on leur donne de l'ambre jaune et du corail que de l'or ou de l'argent. Pendant les chaleurs, ils trouvent peu de profit à transporter le musc, parce qu'il devient trop sec et qu'il perd de son poids. Comme cette marchandise paie vingt-cinq pour cent à la douane de Garachepour, dernière ville des états du Mogol, il arrive souvent que, pour éviter de si grands frais, les caravanes prennent un chemin qui est encore plus incommode, par les montagnes couvertes de neige et les grands déserts qu'il faut traverser; ils vont jusqu'à la hauteur de trente degrés , d'où , tournant vers Kaboul, qui est au quarantième, elles se divisent, une partie pour aller à Balk, et l'autre dans la grande Tartarie. Là, les marchands qui viennent de Boutan troquent leurs richesses contre des chevaux, des mulets et des chameaux ; car il y a peu d'argent dans ces contrées : ils y portent avec le musc beaucoup d'excellente rhubarbe et de semencine. Les Tartares font passer ensuite ces marchandises dans la Perse; ce qui fait croire aux Européens que la rhubarbe et la semencine viennent de la Tartarie. Il est vrai, remarque l'Anglais Sheldon, qu'il en vient de la rhubarbe, mais elle est beaucoup moins bonne que celle du royaume de Boutan ; elle est plus tôt corrompue, et c'est le défaut de la rhubarbe de se dissoudre d'elle-même par le cœur. Les Tartares remportent de Perse des étoffes de soie de peu de valeur, qui se font à Tauris et à Ardevil, avec quelques draps d'Angleterre et de Hollande, que les Arméniens vont prendre à Constantinople et à Smyrne, où nous les portons de l'Europe. Quelques uns des marchands qui viennent de Boutan à Kaboul vont à Candehar, et jusqu'à Ispahan, d'où ils emportent, pour leur musc et leur rhubarbe, du corail en grains, de l'ambre jaune et du lapis en grains. D'autres, qui vont du côté de Moultan, de Lahor et d'Agra, remportent des toiles, de l'indigo, et quantité de cornaline et de cristal. Enfin ceux qui retournent par Garachepour remportent de Patna et de Daka du corail, de l'ambre jaune, des bracelets d'écaille de tortue et d'autres coquilles de mer, avec quantité de pièces rondes et carrées de la grandeur de nos jetons, qui sont aussi d'écailles de tortue et de coquille. L'auteur vit à Patna quatre Arméniens qui, ayant déjà fait un voyage au royaume de Boutan, venaient de Dantzick, où ils avaient fait faire un grand nombre de figures d'ambre jaune qui représentaient toutes sortes d'animaux et de monstres. Ils allaient les porter au roi de Boutan, pour augmenter le nombre de ses divinités. Ils dirent à Tavernier qu'ils se

XV.   2

seraient enrichis, s'ils avaient pu faire composer une idole particulière que le prince leur avait recommandée : c'était une figure monstrueuse, qui devait avoir six cornes, quatre oreilles et quatre bras, avec six doigts à chaque main ; mais ils n'avaient pas trouvé d'assez grosse pièce d'ambre jaune.

Le roi de Boutan, commençant à craindre que les tromperies qui se font dans le musc ne ruinassent ce commerce, d'autant plus qu'on en tire aussi du Tonquin et de la Cochinchine, où il est beaucoup plus cher, parce qu'il y est moins commun, avait ordonné depuis quelque temps que les vessies ne seraient pas cousues, et qu'elles seraient apportées ouvertes à Boutan, pour y être visitées et scellées de son sceau. Mais cette précaution n'empêche pas qu'on ne les ouvre subtilement, et qu'on n'y mette de petits morceaux de plomb, qui, sans l'altérer, à la vérité, en augmentent du moins le poids.

Le royaume d'Assam est une des plus fertiles contrées de l'Asie ; il produit tout ce qui est nécessaire à la vie, sans que les habitans aient besoin de recourir aux nations voisines. Ils ont des mines d'argent, d'acier, de plomb et de fer; la soie en abondance, mais grossière. Ils en ont une espèce qui croît sur les arbres, et qui est l'ouvrage d'un animal dont la forme ressemble à celle des vers à soie communs, avec cette double différence qu'il est plus rond et qu'il demeure toute l'année sur les arbres. Les étoffes qu'on fait de cette soie sont fort lustrées; mais elles se coupent. C'est du côté du midi que la nature produit ces vers, et qu'on trouve les mines d'or et d'argent. Le pays produit aussi quantité de gomme-laque, dont on distingue deux sortes : celle qui croît sur les arbres est de couleur rouge, et sert à peindre les toiles et les étoffes. Après en avoir tiré cette couleur, on emploie ce qui reste à faire une sorte de vernis dont on enduit les cabinets et d'autres meubles de cette nature. On le transporte en abondance à la Chine et au Japon, où il passe pour la meilleure laque de l'Asie. A l'égard de l'or, on ne permet pas qu'il sorte du royaume, et l'on n'en fait néanmoins aucune espèce de monnaie. Il demeure en lingots grands et petits, dont le peuple se sert dans le commerce intérieur.

Nous tirons le peu de détails que nous présente la Cochinchine de la relation d'un missionnaire jésuite, nommé *le père de Rhodes*, et nous y joindrons quelques unes des remarques et aventures qui lui sont particulières.

Destiné à la mission du Japon par le souverain pontife, il se rendit de Rome à Lisbonne, où il avait ordre de s'embarquer avec d'autres missionnaires.

Ce fut le 4 avril 1619 qu'ils mirent à la voile avec trois grands vaisseaux : ils étaient au nombre de six sur *la Sainte-Thérèse*. Trois mois et demi de navigation leur firent doubler le cap de Bonne-Espérance. Ils essuyèrent plusieurs tempêtes et les ravages du scorbut, qui ne les empêchèrent point d'arriver heureusement au port de Goa le 5 octobre.

Après avoir passé deux ans, tant à Goa qu'à Salsette, il reçut ordre enfin de partir pour le Japon, sur un vaisseau qui devait porter à Malacca un seigneur portugais, nommé pour commander dans la citadelle. Il passa par Cochin, qui n'est qu'à cent lieues de Goa : les jésuites y avaient un collége dans lequel ils enseignaient toutes les sciences. La violence des vents, qui arrêta long-temps le vaisseau portugais vers le cap de Comorin, donna occasion à l'auteur de visiter la fameuse côte de *la Pécherie*, qui tire ce nom de l'abondance des perles qu'on y pêche. « Les habitans connaissent, dit-il, dans quelle saison ils doivent chercher ces belles larmes du ciel qui se trouvent endurcies dans les huîtres. Alors les pêcheurs s'avancent en mer dans leurs barques : l'un plonge, attaché sous les aisselles avec une corde, la bouche remplie d'huile et un sac au cou : il ramasse les huîtres qu'il trouve au fond; et lorsqu'il n'a plus la force de retenir son haleine, il emploie quelques signes pour se faire retirer. Ces pêcheurs sont si bons chrétiens, qu'après leur pêche ils viennent ordinairement à l'église, où ils mettent souvent de grosses poignées de perles sur l'autel. On fit voir au père de Rhodes une chasuble qui en était entièrement couverte, et qui était estimée deux cent mille écus dans le pays. Qu'eût-elle valu, dit-il, en Europe? »

La principale place de cette côte est *To-tocorin* : on y trouve les plus belles perles de l'Orient. Les Portugais y avaient une citadelle, et les jésuites un fort beau collége. Il était arrivé, par des malheurs que de Rhodes ignore, qu'on avait ôté cette maison à sa compagnie. « Les jésuites, dit-il, s'étant retirés, on dit que les perles et les huîtres disparurent dans cet endroit de la côte ; mais aussitôt que le roi de Portugal eut rappelé ces zélés missionnaires, on y vit revenir les perles, comme si le ciel eût voulu remarquer que, lorsque les pêcheurs d'ames seraient absens, il ne fallait pas attendre une bonne pêche de perles. » Ceci nous rappelle un passage fort plaisant de la *Gazette de France*, de l'année 1774, dans lequel on disait, à l'article *de la Suède*, que tout se ressentait du bonheur de la nouvelle administration, et que *jamais les harengs n'étaient venus en si grand nombre sur les bords de la Baltique.*

Après avoir visité la côte de Coromandel, le père de Rhodes fit voile vers Malacca, et échoua sur un banc de sable à la vue du cap de Rachado. Il attribue le salut du vaisseau à un miracle sensible de son reliquaire, qu'il plongea dans la mer au bout d'une longue corde. En moins d'une minute, sans que personne y travaillât, le bâtiment, dit-il, qui avait été long-temps immobile, sortit du sable avec une force extrême, et fut poussé en mer. Il observe qu'on peut aborder dans tous les temps de l'année au port de Malacca, avantage que n'ont pas les ports de Goa, de Cochin, de Surate, ni, suivant ses lumières, aucun autre port de l'Inde orientale. Quoique Malacca, observe-t-il encore, ne soit qu'à deux degrés au nord de la ligne, et que par conséquent la chaleur y soit extrême, cependant les fruits de l'Europe et le raisin même n'y mûrissent point. La raison, dit il, en paraîtra fort étrange, mais elle n'est pas moins certaine : c'est faute de chaleur que ces fruits n'y mûrissent pas. Il ajoute, pour s'expliquer, que, « le soleil donnant à plomb sur la terre, devrait à la vérité tout brûler et rendre le pays inhabitable. Les anciens en avaient cette opinion; mais ils ignoraient le secret de la Providence, qui a voulu qu'il fût le plus habité. Le soleil, dans le temps qu'il a toute sa force, attire tant d'exhalaisons et de vapeurs, que c'est alors l'hiver du pays. Les vents, qui sont impétueux, les pluies continuelles tiennent cet astre caché, et s'opposent à la maturité de tous les fruits qui ne sont pas propres au climat. »

Les vues du père de Rhodes étaient toujours pour le Japon, et sa soumission pour d'autres ordres qui le retinrent un an et demi, soit à Macao, soit à Canton, fut une violence qu'il fit à son zèle. Cependant de nouvelles dispositions de ses supérieurs l'obligèrent d'abandonner entièrement son premier projet pour se rendre à la Cochinchine. D'ailleurs les portes du Japon se trouvaient fermées par une violente persécution qui s'y était élevée contre le chris-

tianisme. Le père de Mattos reçut ordre
de partir pour la Cochinchine avec cinq
autres jésuites de l'Europe, entre lesquels
de Rhodes fut nommé. Ils s'embarquèrent
à Macao dans le cours du mois de décembre 1624, et leur navigation ne dura que
dix-neuf jours.

Il n'y avait pas cinquante ans que la Cochinchine était un royaume séparé du Tonquin, dont elle n'avait été qu'une province
pendant plus de sept cents ans. Celui qui se-
coua le joug était l'aïeul du roi qui occupait
alors le trône. Après avoir été gouverneur
du pays, il se révolta contre son prince, et
se fit un état indépendant dans lequel il se
soutint assez heureusement par la force des
armes, pour laisser à ses enfans une succession tranquille. Leur puissance y étant mieux
établie que jamais, il n'y a pas d'apparence
que cette souveraineté retourne jamais à ses
anciens maîtres.

La Cochinchine est sous la zone torride,
au midi de la Chine ; elle s'étend depuis le
12ᵉ degré jusqu'au 18ᵉ. De Rhodes lui donne
quatre cents milles de longueur ; mais sa

largeur est beaucoup moindre. Elle a pour bornes à l'orient la mer de la Chine, le royaume de Laos à l'occident, celui de Chiampa au sud, et le Tonquin au nord. Sa division est en six provinces, dont chacune a son gouverneur et ses tribunaux particuliers de justice. La ville où le roi fait son séjour se nomme *Kehoué*. Si les bâtimens n'en sont pas magnifiques, parce qu'ils ne sont composés que de bois, ils ne manquent pas de commodités; et les colonnes fort bien travaillées, qui servent à les soutenir, leur donnent beaucoup d'apparence. La cour est belle et nombreuse, et les seigneurs y font éclater beaucoup de magnificence dans leurs habits.

Le pays est fort peuplé. De Rhodes vante la douceur des habitans; mais elle n'empêche pas, dit-il, qu'ils ne soient bons soldats; ils ont un respect merveilleux pour leur roi. Ce prince entretient continuellement cent cinquante galères dans trois ports; et les Hollandais ont éprouvé qu'elles peuvent attaquer avec avantage ces grand vaisseaux avec lesquels ils se croient maîtres des mers de l'Inde.

La fertilité du pays rend les habitans fort riches. Il est arrosé de vingt-quatre belles rivières, qui donnent de merveilleuses commodités pour voyager par eau dans toutes ses parties, et qui servent par conséquent à l'entretien du commerce. Des inondations réglées, qui se renouvellent tous les ans aux mois de novembre et de décembre, engraissent la terre sans aucune culture. Dans cette saison, il n'est pas possible de voyager à pied, ni de sortir même des maisons sans une barque ; de là vient l'usage de les élever sur deux colonnes, qui laissent un passage libre à l'eau.

Il se trouve des mines d'or dans la Cochinchine : mais les principales richesses du pays sont le poivre, que les Chinois y viennent prendre ; la soie, qu'on fait servir jusqu'aux filets des pêcheurs et aux cordages des galères ; et le sucre, dont l'abondance est si grande, qu'il ne vaut pas ordinairement plus de deux sous la livre. On en transporte beaucoup au Japon, quoique les Cochinchinois n'entendent pas beaucoup la manière de l'épurer.

On s'imaginerait qu'une contrée qui ne produit ni blé, ni vin, ni huile, nourrit mal ses habitans. Mais, sans expliquer en quoi consiste leur bonne chère, de Rhodes assure que les tables de la Cochinchine valent celles de l'Europe.

C'est le seul pays du monde où croisse le *calembac*, cet arbre renommé dont le bois est un parfum précieux, et qui d'ailleurs sert aux plus excellens usages de la médecine. L'odeur en est admirable; le bois en poudre ou en teinture fortifie le cœur contre toutes sortes de venins; il se vend au poids de l'or.

De Rhodes assure, contre le témoignage de plusieurs autres voyageurs, que c'est aussi dans la seule Cochinchine que se trouvent ces petits nids d'oiseaux qui servent d'assaisonnement aux potages et aux viandes. On pourrait croire, pour concilier les récits, qu'il parle d'une espèce particulière. Ils ont, dit-il, la blancheur de la neige : on les trouve dans certains rochers de cette

mer, vis-à-vis des terres où croissent les ca-
lembacs, et l'on n'en voit point autre part;
c'est ce qui le porte à croire que les oiseaux
qui font ces nids vont sucer ces arbres, et
que de ce sucre, mêlé peut-être avec l'é-
cume de la mer, ils composent un ouvrage
si blanc et de si bon goût. Cependant ils demandent d'être cuits avec de la chair ou du
poisson; et de Rhodes assure qu'ils ne peuvent être mangés seuls.

La Cochinchine produit des arbres qui
portent pour fruits de gros sacs remplis de
châtaignes. On doit regretter que le père de
Rhodes n'en rapporte pas le nom, et qu'il
n'en explique pas mieux la forme. «Un seul
de ces sacs fait la charge d'un homme; aussi
la Providence ne les a-t-elle pas fait sortir
des branches, qui n'auraient pas la force
de les soutenir, mais du tronc même; le sac
est une peau fort épaisse, dans laquelle on
trouve quelquefois cinq cents châtaignes
plus grosses que les nôtres; mais ce qu'elles
ont de meilleur est une peau blanche et
savoureuse qu'on tire de la châtaigne avant
de la cuire.

XV. 3

Les difficultés de la langue étant un des plus grands obstacles qui arrêtent le progrès des missionnaires, le père de Rhodes comprit que cette étude devait faire son premier soin. On parle à peu près la même langue dans le royaume de Tonquin et de la Cochinchine. Elle est aussi entendue dans trois autres pays voisins, mais est entièrement différente de la chinoise. On la prendrait, surtout dans la bouche des femmes, pour un gazouillement d'oiseaux; tous les mots sont des monosyllabes, et leur signification ne se distingue que par les divers tons qu'on leur donne en les prononçant. Une même syllabe, telle, par exemple, que *daï*, peut signifier vingt-trois choses tout-à-fait différentes. Le zèle du père de Rhodes lui fit mépriser ces obstacles; il apporta autant d'application à cette entreprise qu'il en avait donné autrefois à la théologie, et dans l'espace de quatre mois il se rendit capable de prêcher dans la langue de la Cochinchine; mais il avoue qu'il en eut l'obligation à un petit garçon du pays, qui lui apprit en trois semaines les divers tons de cette langue, et la manière de prononcer tous les mots : ce qu'il y eut d'admirable et ce qui mérite d'être remarqué, c'est qu'ils ignoraient la langue l'un de l'autre.

Dans l'intervalle de ses entreprises apostoliques, il fit un voyage aux Philippines, sans autre dessein que de profiter d'une occasion qui se présentait pour se rendre à Macao.

Une violente persécution l'obligeant de quitter la Cochinchine, il s'embarqua, le 2 juillet 1641, sur un vaisseau qui faisait voile pour Bolinao. Il entra dans ce port le 28 du même mois, après avoir essuyé une dangereuse tempête ; mais il fut surpris de remarquer à son arrivée que les habitans ne comptaient que samedi 27 juillet. Il avait mangé de la viande le matin, parce qu'il se croyait au dimanche, et le soir il fut obligé de faire maigre, lorsqu'on l'assura que le dimanche et le vingt-huitième n'étaient que le lendemain : cette erreur lui causa d'abord beaucoup d'embarras ; mais en y pensant un peu, il comprit que de part et d'autre on avait fort bien compté, quoiqu'il y eût dans les deux comptes la différence d'un jour.

Ce qu'il y a d'étonnant dans l'embarras du père de Rhodes. c'est qu'étant aux Indes depuis si long-temps, il n'eût jamais eu l'occasion de faire la même remarque. Il s'applaudit de l'explication qu'il donne à son erreur.

« Quand on part d'Espagne, dit-il, pour aller aux Philippines, on va toujours de l'orient à l'occident. Il faut par conséquent que tous les jours deviennent plus longs de quelques minutes, parce que le soleil, dont on suit la course, se lève et se couche toujours plus tard. Dans le cours de cette navigation, la perte est d'un demi-jour. Au contraire, les Portugais qui vont du Portugal aux Indes orientales avancent contre le soleil, qui, se couchant et se levant toujours plus tôt, rend chaque jour plus court de quelques minutes, et leur donne ainsi l'avance du jour en arrivant au même terme; d'où il est aisé de conclure que, les uns gagnant et les autres perdant un demi-jour, il faut nécessairement que les Portugais et les Espagnols, qui arrivent aux Philippines par des chemins opposés, trouvent un jour entier de différence. » Le père de Rhodes, venu vers l'orient par le chemin des Portugais, avait vécu par conséquent un jour de plus que les Espagnols des Philippines. « Par la même raison, continue-t-il, deux prêtres qui partiraient au même jour, l'un de Portugal vers l'orient, l'autre d'Espagne vers l'occident, disant chaque jour la messe, et arrivant le même jour au même lieu, l'un aurait dit une messe plus que l'autre : et de deux jumeaux qui, étant nés ensemble, feraient le même voyage par les deux routes opposées, l'un aurait vécu un jour de plus. »

Ceux pour qui cette remarque ne sera pas aussi merveilleuse qu'elle le fut pour l'auteur, apprendront de lui plus volontiers l'origine de la persécution qui fermait alors aux missionnaires l'entrée des ports du Japon. Après avoir observé que Manille, la principale des Philippines, est au 13ᵉ degré de l'élévation de la ligne, et que c'est là qu'on compte le dernier terme de l'occident, quoique ces îles soient à l'orient de la Chine, dont elles ne sont éloignées que de cent cinquante lieues, il ajoute :

« Comme on les prend pour le bout des Indes occidentales, qui appartiennent aussi aux Espagnols, deux Hollandais prirent occasion de cette idée pour renverser le christianisme au Japon. Ils firent voir à l'empereur, dans une mappemonde, d'un côté les Philippines, et de l'autre Macao, que le roi d'Espagne possédait alors à la Chine, en qualité de roi de Portugal. Voyez-vous, lui dirent-ils, jusqu'où la domination du roi d'Espagne s'est étendue? Du côté de l'orient, elle est arrivée à Macao, et du côté de l'occident aux Philippines. Vous êtes si près de ces deux extrémités de son empire, qu'il ne lui reste que le vôtre à conquérir ; à la vérité, il n'a pas aujourd'hui des troupes assez nombreuses pour entreprendre tout d'un coup la conquête du Japon ; mais il y envoie des prêtres qui, sous le prétexte de faire des chrétiens, font des soldats pour l'Espagne ; et lorsque le nombre en sera tel que les Espagnols le désirent, vous éprouverez, comme le reste du monde, que, sous le voile de la religion, ils ne pensent qu'à vous rendre l'esclave de leur ambition. » L'empereur du Japon, alarmé de cet avis, jura une guerre irréconciliable à tous les missionnaires chrétiens : l'Eglise n'a jamais essuyé de persécution plus obstinée que celle qui a rempli de sang toutes les villes de ce florissant royaume, où le christianisme avait fait des progrès. Nous en parlerons plus au long à l'article du Japon.

Dans une traversée de Malacca à Java, qui ne fut que de onze jours, il arriva au vaisseau qu'il montait un accident fort singulier, qu'il attribue à la protection du premier martyr de la Cochinchine, nommé *André*, dont il portait la tête à Rome. Le 25 février, pendant que le vent était favorable, l'imprudence des matelots les fit heurter contre un gros rocher, qui était presque à fleur d'eau. Le bruit ne fut pas moindre que celui du tonnerre, et le coup avait été si violent, que le navire demeura fixé sur l'écueil. Plusieurs planches qu'on vit flotter sur l'eau ne laissèrent aucun doute qu'il ne fût près de périr. Cependant il se remit de lui-même à flot, tandis que l'auteur, et deux autres missionnaires qui étaient partis avec lui de Malacca, faisaient leur prière au martyr. Les matelots, surpris qu'il ne se remplît pas d'eau, jugèrent qu'ayant été doublé en plusieurs endroits, il n'avait perdu que des planches extérieures. Ils continuèrent leur navigation sept jours entiers avec beaucoup de bonheur. Mais, en arrivant au port de Batavia, où l'on pensa aussitôt à radouber le vaisseau, on s'aperçut avec admiration qu'il avait une grande ouverture sur le bas, et que le rocher qui avait brisé les planches, s'étant rompu lui-même, avait rempli le trou d'une grosse et large pierre. Toute la ville accourut pour voir cette merveille. La même chose est arrivée de nos jours à un vaisseau anglais, dans un voyage du capitaine Cook, sans que saint André de Cochinchine s'en mêlât.

Il se trouvait dans Batavia plusieurs Français catholiques et quantité de Portugais, auxquels le missionnaire s'empressa de rendre les services de sa profession : son zèle se satisfit paisiblement pendant l'espace de cinq mois. Mais un jour de dimanche, 29 juillet, la messe, qu'il célébrait dans sa maison devant un grand nombre de catholiques, fut interrompue par l'arrivée du juge criminel de la ville, qui entra dans la chapelle avec ses archers. De Rhodes se hâta de consommer les saintes espèces. Mais il fut saisi à l'autel même par les archers, qui voulurent le mener en prison revêtu des habits sacerdotaux. Sept gentilshommes portugais mirent l'épée à la main pour sa défense. Le désordre aurait été fort grand, s'il n'eût supplié ses défenseurs de l'abandonner à la violence des hommes. Le juge, touché apparemment de sa générosité, lui laissa quitter ses habits; mais s'étant saisi néanmoins de tout ce qui appartenait à son ministère, il le fit conduire dans la prison publique, d'où il fut mené deux jours après dans un cachot noir, destiné aux criminels qui ne peuvent éviter le dernier supplice. Son procès fut instruit. Outre le crime d'avoir célébré la messe à Batavia, il fut accusé d'avoir travaillé à la conversion du gouverneur de Malacca, et d'avoir brûlé plusieurs livres de la religion hollandaise. Il se justifia sur ce dernier article, en protestant que, quelque opinion qu'il eût de ces livres, il ne lui en était jamais tombé entre les mains. Mais il n'en reçut pas moins sa sentence, qui contenait trois articles. Par les deux premiers, il était condamné à un bannissement perpétuel de toutes les terres de Hollande, et à payer une amende de quatre cents écus d'or. Le troisième, qui lui fut le plus douloureux, portait que les ornemens ecclésiastiques, les images et le crucifix qu'on lui avait enlevés, seraient brûlés par la main du bourreau, et qu'il assisterait sous un gibet à cette exécution. Ses représentations et ses larmes ne purent fléchir ses juges. S'il fut dispensé de paraître sous le gibet, il n'eut cette obligation qu'à la politique du gouverneur, qui craignit un soulèvement des catholiques de la ville. On suppléa même à cette espèce d'adoucissement en faisant pendre deux voleurs, tandis que l'on brûlait le crucifix et les images. Ce n'est pas là de la tolérance, il s'en faut de beaucoup ; mais il faut avouer qu'on ne leur en avait pas donné l'exemple.

Des deux autres articles, le premier ne put être exécuté sur-le-champ, parce que le père de Rhodes n'était point assez riche pour satisfaire au second. Il fut retenu pendant trois mois dans les chaînes, et sa réponse aux offres qu'on lui faisait de le rendre libre aussitôt qu'il aurait payé l'amende était de protester qu'il était content de son sort, et qu'il regardait ces souffrances comme une faveur du ciel.

Au mois d'octobre, quelques vaisseaux de Hollande apportèrent des lettres de la compagnie des Indes qui nommaient Corneille Vander-Lyn gouverneur général des établissemens hollandais après la mort d'Antoine Van-Diemen, qui avait enlevé Malacca aux Portugais. Entre les réjouissances publiques qui se firent à l'entrée du nouveau gouverneur, tous les prisonniers furent délivrés. Non-seulement de Rhodes fut élargi sans payer les quatre cents écus, mais Vander-Lyn le vengea par quelques bastonnades qu'il donna de sa main au principal juge, pour le punir de son excessive rigueur. Ensuite l'ayant comblé de caresses, auxquelles il joignit des excuses pour sa nation, il lui laissa la liberté de partir. Quelques Portugais qui faisaient voile pour Macassar le reçurent avec joie dans leurs vaisseaux, et consentirent volontiers à la prière qu'il fit d'être conduit à Bantam, qui n'est qu'à douze lieues de Batavia. Il espérait trouver dans cette ville quelque vaisseau anglais prêt à retourner en Europe ; mais il entreprit encore d'autres courses. Il alla à Ormus, et prit sa route par terre, en traversant la Perse et la Natolie jusqu'à Smyrne, d'où il se rendit au port de Gênes sur un vaisseau de cette république.

CHAPITRE II.

Tonquin.

DANS la description de ce pays, dont l'intérieur est peu connu, nous avons l'avantage de trouver un guide auquel il ne manque rien pour exciter la confiance, et dont le témoignage est capable même d'ôter toute espèce de crédit aux voyageurs dont les relations ne s'accordent point avec la sienne. C'est l'idée sous laquelle on nous présente l'Anglais Baron, en nous apprenant qu'il est né au Tonquin, qu'il y a passé une grande partie de sa vie, et qu'il joignait une rare probité aux lumières que donne l'étude.

La découverte du Tonquin est postérieure de quelque temps à celle de la Chine. Les Portugais n'envoyèrent leurs vaisseaux sur les côtes de Tonquin qu'après avoir visité les Chinois. A la vérité, cette contrée était anciennement une province de la Chine, et lui paie même encore un tribut; mais ce n'est pas cette raison qui a retardé la connaissance d'un pays qui était gouverné depuis quatre cents ans par ses propres rois, lorsque les Portugais commencèrent leurs découvertes dans les Indes. Il y a plus d'apparence que ce retardement est venu du caractère des Tonquinois, qu'aucun motif de commerce ou de confédération ne peut faire sortir de leur patrie : ils tiennent beaucoup de la vanité des Chinois, dont ils imitent d'ailleurs le gouvernement, les sciences et les caractères d'écriture, quoiqu'ils haïssent leur nation.

Ce pays est situé sous le tropique, et même plus au nord dans quelques parties. Cependant Baron assure qu'il est fort tempéré, ce qu'il attribue au grand nombre de rivières dont il est arrosé, et aux pluies régulières qu'il reçoit. D'ailleurs on n'y voit point de ces grandes montagnes stériles et sablonneuses qui causent une chaleur extrême dans plusieurs endroits du golfe Persique. Il est vrai que les pluies qui tombent régulièrement aux mois de mai, de juin, de juillet et d'août, et quelquefois plus tôt,

rendent la terre fort humide ; mais la chaleur est insupportable pendant le cours de
juillet et d'août. On ne saurait douter que
le pays ne fût très-fertile en fruits, si tant
d'habitans, qui font leur principale nourriture du riz, ne se croyaient pas plus obligés d'employer leurs terres et leur industrie
à la culture de ces grains.

Le royaume est bordé au nord-est par la
province de Canton ; à l'ouest, par le royaume de Laos ; au nord, par deux autres provinces de la Chine, Yün-nan et Quang-si ;
au sud et au sud-est, par la Cochinchine.

Le climat est sain et tempéré depuis le
mois de septembre jusqu'au mois de mars ;
quelquefois très-froid aux mois de janvier
et de février, quoiqu'on n'y voie jamais de
neige ni de glace ; assez malsain pendant le
cours d'avril, de mai et de juin, autant à
cause des pluies et des brouillards que parce
que le soleil arrive alors à son zénith. Les
vents sont ici divisés entre le nord et le sud,
c'est-à-dire qu'ils durent six mois de chaque côté. Le pays est délicieux depuis le
mois de mai jusqu'au mois d'août : les arbres

sont alors dans leur verdure, et les campagnes offrent une perspective charmante.

Les vents impétueux que les matelots européens nomment *ouragans*, et qui portent ici le nom de *typhons*, exercent leur empire avec des ravages terribles sur cette côte et dans les mers voisines; mais le temps de leur arrivée est fort incertain. Quelquefois ils ne s'élèvent qu'une fois en cinq ou six ans, et même en huit ou neuf. Quoiqu'ils ne soient pas connus sous le même nom dans les autres mers orientales, celui qu'on appelle *éléphant*, dans la baie de Bengale et sur la côte de Coromandel, ne leur est pas fort inférieur, et se fait redouter aussi des matelots par ses funestes effets.

Pour l'étendue, Baron n'en accorde pas plus au Tonquin que nos cartes n'en donnent au Portugal; mais on y compte quatre fois le même nombre d'habitans. Si l'on excepte la ville de Kécho, il n'y en a pas trois dans tout le royaume qui méritent la moindre attention; mais les villages, que les habitans nomment *aldeas* ou *aldées*, sont si proches l'un de l'autre, qu'il est impossible d'en fixer le nombre, quand on ne s'est pas fait une étude de les compter.

Kécho, capitale du Tonquin, est située au 21e degré de latitude nord, à quarante lieues de la mer : elle peut être comparée, pour la grandeur, à plusieurs villes fameuses de l'Asie; mais elle l'emporte sur presque toutes par le nombre de ses habitans, surtout le premier et le quinzième jour de leur nouvelle lune, qui est le jour du marché ou du grand bazar. Tout le peuple des villages voisins y est amené par son commerce, et le nombre en est presque incroyable. Il reste si peu de passage dans les rues, quoique fort larges, que, suivant le témoignage de Baron, et dans ses propres termes, « c'est « avancer beaucoup que d'y faire cent pas « dans une demi-heure. » Cependant il règne un ordre admirable dans la ville; chaque marchandise qu'on y vend a sa rue qui lui est assignée, et ces rues appartiennent à un, deux ou plusieurs villages, dont les habitans ont droit seuls d'y tenir boutique.

C'est à Kécho que le roi fait sa résidence ordinaire avec ses généraux, les princes,

4*

tous les grands du royaume, et toutes les cours de justice. Quoique le palais et les édifices publics occupent un terrain spacieux, ils n'ont rien de plus éclatant qu'un grand bâtiment de bois, qui en fait la principale partie. Le reste, comme toutes les maisons de la ville, est bâti de bambous et d'argile, à l'exception des comptoirs étrangers qui sont de brique, et qui font une figure distinguée au milieu d'un si grand nombre de chaumières. Cependant les triples murs de la vieille ville et du vieux palais donnent par leurs débris une haute idée de ce qu'ils devaient renfermer dans le temps de leur splendeur. Le palais seul embrassait dans sa circonférence un espace de six ou sept milles. Ses cours pavées de marbre, ses portes et les ruines de ses appartemens rendent témoignage de son ancienne magnificence, et font regretter la destruction d'un des plus beaux édifices de l'Asie; mais en attribuant cette disgrace aux ravages de la guerre, Baron n'explique pas les raisons qui empêchent de la réparer.

Kécho est aussi le quartier perpétuel d'un

corps formidable de milice, que le roi tient prêt pour toutes sortes d'occasions. L'arsenal et les autres magasins de guerre occupent le bord de la rivière, près d'une petite île sablonneuse, où l'on conserve le Thecada. Cette rivière, que les habitans nomment *Son-koï*, ou *grande rivière*, prend sa source dans l'empire de la Chine. Après un fort long cours, elle vient traverser Kécho, d'où elle va se décharger dans la baie de Haynan, par huit ou neuf embouchures, dont la plupart reçoivent des vaisseaux médiocres. Elle est d'une extrême commodité pour la capitale, où elle fait régner continuellement l'abondance, par la multitude infinie de barques et de bateaux qu'elle y amène chargés de toutes sortes de marchandises et de provisions. Cependant les habitans des provinces, qui font leur principale occupation de ce commerce, ont tous leurs maisons dans quelque village, et n'habitent point dans leurs barques, comme Tavernier l'assure faussement.

Le Tonquin devrait être compté parmi les puissances redoutables, si la force de l'état ne consistait que dans le nombre des hommes. Il entretient continuellement une armée de cent quarante mille combattans, bien exercés à l'usage des armes ; et, dans l'occasion, ce grand corps peut être augmenté du double ; mais, comme le nombre sert peu sans le courage, Baron avoue qu'il n'y a point de soldats moins à craindre que les Tonquinois. D'ailleurs la plupart de leurs chefs sont des eunuques qui ne conservent dans l'ame aucun reste de virilité.

La cavalerie monte à huit ou dix mille hommes, et le nombre des éléphans à trois cent cinquante. Les forces maritimes consistent dans deux cent vingt bâtimens, grands et petits, plus propres à la rivière qu'à la mer, et qui ne servent guère aussi qu'aux fêtes et aux exercices d'amusement. Chaque bâtiment est armé à la proue d'un canon de quatre livres de balles. Ils n'ont pas de mâts, et tous leurs mouvemens se font à force de rames. Les rameurs sont exposés à la mousqueterie et à tous les instrumens de guerre. La cour entretient avec cette flotte environ cinq cents barques, qui

se nomment *touinghes*, et qui sont assez légères à la voile, mais trop faibles pour la
guerre, quoiqu'elles servent fort bien au
transport des vivres et des troupes.

L'arsenal de Kécho est fourni de toute
sorte d'artillerie de tous les calibres, soit de
la fabrication des habitans, soit achetée des
Portugais, des Anglais et des Hollandais. Il
ne manque pas non plus de toutes les mu-
nitions convenables.

Outre la mollesse naturelle des soldats de
Tonquin, rien ne contribue tant à leur
ôter le courage que la nécessité de passer
toute la vie dans une condition pénible,
sans aucune espérance de s'élever au-dessus
de leur premier grade. La valeur même,
dans ceux qui peuvent avoir l'occasion de
se distinguer, ne change rien à leur état,
ou du moins ces exemples sont si rares,
qu'ils ne peuvent inspirer d'émulation. L'argent ou la faveur de quelque mandarin du
premier ordre sont les seules voies qui puissent conduire aux distinctions.

Leurs guerres ne consistent que dans le
bruit et dans un grand appareil de bagage.

La moindre querelle les fait entrer dans la Cochinchine, où ils passent le temps, soit à considérer les murs des villes, soit à camper sur le bord des rivières. Mais une légère maladie qui emporte quelques uns de leurs géns les rebute aussitôt, et leur fait crier que la guerre est cruelle et sanglante. Ils se hâtent alors de retourner vers leurs frontières.

Ils ont quelquefois des guerres civiles que l'adresse termine plutôt que la valeur. Dans leurs anciens démêlés avec les Chinois, on les a vus combattre avec assez de résolution ; mais ils y étaient forcés par la nécessité. Cependant on ne cesse pas de les exercer au maniement des armes, et cet exercice continuel fait la plus grande partie de leur profession. Ils reçoivent chaque jour une portion de riz pour leur nourriture, et leur paie annuelle n'est que d'environ trois écus ; mais ils sont exempts de toutes sortes de taxes. Ceux qui n'ont pas leurs quartiers dans la capitale sont dispersés dans les aldées, sous le commandement des mandarins, qui sont chargés de pourvoir à leur subsistance. Chaque mandarin est revêtu de l'autorité du roi pour commander dans un certain nombre d'aldées.

On ne voit dans le Tonquin ni châteaux ni places fortifiées. L'état se glorifie de n'avoir pas besoin d'autre appui que ses troupes : ce qui ne serait pas sans fondement, si leur courage répondait à leur nombre.

Quoique la valeur ne soit pas une qualité commune au Tonquin, la douceur et le goût de la tranquillité sont moins le caractère général des habitans qu'une humeur inquiète et turbulente qui demande le frein continuel de la sévérité pour les contenir dans l'union. Les révoltes et les conspirations y sont fréquentes. Il est vrai que la superstition à laquelle tout le peuple est malheureusement livré a souvent plus de part aux désordres publics que les entreprises de l'ambition, et que rarement les mandarins et les autres seigneurs prennent part à ces attentats.

Les Tonquinois n'ont pas l'humeur emportée; mais ils sont la proie de deux passions beaucoup plus dangereuses, qui sont l'envie et la malignité. Autrefois le premier de ces deux vices leur faisait désirer toutes les richesses et les curiosités des nations étrangères ; mais leurs désirs se réduisent aujourd'hui à quelques pièces d'or et d'argent du Japon, et au drap de l'Europe. Ils ont toujours eu cette espèce d'orgueil qui ôte la curiosité de visiter les autres pays. Leur estime se borne à leur patrie ; et tout ce qu'on leur raconte des pays étrangers passe à leurs yeux pour une fable.

Ils ont la mémoire heureuse et la pénétration vive ; cependant ils n'aiment pas les sciences pour elles-mêmes, mais parce qu'elles les conduisent aux charges et aux dignités publiques. Leur ton en lisant est une espèce de chant. Leur langage, comme celui des Chinois, est plein de monosyllabes, et quelquefois ils n'ont qu'un seul mot pour exprimer onze ou douze choses différentes. L'unique distinction consiste à prononcer pleinement, à presser leur haleine, à la retenir, à peser plus ou moins sur l'accent. Aussi rien n'est-il si difficile aux étrangers que d'atteindre à la perfection de leur langue.

Il n'y a point de différence entre celle de la cour et celle du peuple. Mais, dans les matières qui regardent les lois et les cérémonies, ils emploient la langue chinoise, comme on se sert en Europe des langues grecque et latine.

Les deux sexes ont la taille bien proportionnée, mais petite plutôt que grande. En général, ils sont d'une constitution faible; ce qui vient peut-être de leur intempérance, et de l'excès avec lequel ils se livrent au sommeil. La plupart ont le teint aussi brun que les Chinois et les Japonais; mais les personnes de qualité sont presque aussi blanches que les Portugais et les Espagnols. Ils ont le nez et le visage aussi plats que les Chinois. Leurs cheveux sont noirs, et c'est un ornement que de les avoir longs. Les soldats, pendant leurs exercices, et les artisans, dans les fonctions de leur métier, les relèvent sous leur bonnet, ou les lient au sommet de leur tête. Quoique les enfans des deux sexes aient les dents fort blanches, ils n'arrivent pas plus tôt à l'âge de dix-sept ou dix-huit ans, qu'ils se les noircissent comme les Japonais. Ils laissent croître leurs ongles, suivant l'usage de la Chine, et les plus longs passent pour les plus beaux ; cependant ce dernier usage est borné aux personnes de distinction.

Leurs habits sont de longues robes, peu différentes de celles des Chinois. Il leur est défendu, par une ancienne tradition, de porter des sandales ou des souliers, à l'exception des lettrés et de ceux qui sont parvenus au degré de *tuncys* ou de docteurs. Cette coutume néanmoins s'observe aujourd'hui avec moins de rigueur.

La condition du peuple est assez misérable. On lui impose de grosses taxes et des travaux pénibles.

Un jeune homme est assujetti, dès l'âge de dix-huit ou de vingt ans, dans quelques provinces, à payer trois, quatre, cinq, six piastres chaque année, suivant la fertilité du terroir de son aldée. Ce tribut se lève à deux termes, aux mois d'avril et d'octobre, qui sont le temps de la moisson du riz. Il n'y a d'exempts que les princes du sang royal, les domestiques de la maison du roi, les ministres d'état, les officiers publics, les lettrés depuis le grade de singdo ; les officiers de guerre et les soldats, avec un petit nombre qui ont obtenu ce privilége par faveur ou à prix d'argent, et seulement pour la durée de leur propre vie. Un marchand qui s'est établi dans la capitale n'en est pas moins taxé dans l'aldée d'où il tire son origine. Il demeure sujet au vecquan, qui est le service du seigneur ; c'est-à-dire qu'il est obligé de travailler par lui-même, ou par des personnes à ses gages, aux réparations des murs, des grands chemins, des palais du roi, et de tous les ouvrages publics.

Les artisans de toutes les professions doivent employer six mois de l'année au vecquan, sans aucun espoir de récompense pour leur travail, à moins que la bonté du maître ne le porte à leur accorder la nourriture : ils peuvent disposer d'eux-mêmes pendant les six autres mois; temps bien court, observe l'auteur, lorsqu'ils sont chargés d'une nombreuse famille.

Dans les aldées dont le terroir est stérile,

les pauvres habitans qui ne sont pas en état de payer la taxe en riz ou en argent sont employés à couper de l'herbe pour les éléphans et la cavalerie de l'état; à quelque distance qu'ils puissent être des lieux où l'herbe croît, ils doivent la transporter dans la capitale, tour à tour et à leurs propres frais. L'auteur observe que l'origine de ces usages vient de la politique des rois du pays pour contenir dans la dépendance un peuple si remuant, qui ne laisserait pas de repos à ses maîtres, s'il n'était forcé sans cesse au travail. Chacun jouit d'ailleurs de ce qu'il peut acquérir par son industrie, et laisse paisiblement à ses héritiers le bien dont il se trouve en possession.

L'aîné des fils succède à la plus grande partie de l'héritage. Le roi donne quelque chose aux filles, mais presque rien lorsqu'elles ont un frère.

C'est une ambition commune au Tonquin d'avoir une famille opulente et nombreuse. De là vient l'usage des adoptions, qui s'étend indifféremment aux deux sexes. Les enfans adoptés entrent dans toutes les obligations de la nature. Ils doivent rendre, dans l'occasion, toutes sortes de services à leur père d'adoption, lui présenter les premiers fruits de la saison, et contribuer de tout leur pouvoir au bonheur de sa vie. De son côté, il doit les protéger dans leurs entreprises, veiller à leur conduite, s'intéresser à leur fortune; et lorsqu'il meurt, ils partagent presque également sa succession avec ses véritables enfans. Ils prennent le deuil comme pour leur propre père, quoiqu'il soit encore en vie.

La méthode de l'adoption est fort simple. Celui qui aspire à cette faveur fait proposer ses intentions au père de famille dont il veut l'obtenir; et s'il est satisfait de sa réponse, il se présente à lui avec deux flacons d'arak, que le patron reçoit. Quelques explications font le reste de cette cérémonie.

Les étrangers que le commerce ou d'autres raisons amènent au Tonquin ont eu souvent recours à cet usage pour se garantir des vexations et de l'injustice des courtisans. L'auteur raconte qu'il avait reçu l'honneur de l'adoption d'un prince qui était alors héritier présomptif du grand-général de la couronne ; mais qu'après lui avoir fait quantité de présens, par lesquels il croyait s'être assuré une longue protection, il perdit sa dépense et ses peines, parce que ce prince devint fou.

La plupart des aldéens ou des paysans composent un peuple grossier et si simple , qu'il se laisse aisément conduire par l'excès de sa crédulité et de sa superstition. Avec ce caractère mobile, il est extrêmement bon ou extrêmement mauvais, suivant la différence des impressions qu'il reçoit. C'est une grande erreur, dans les relations européennes du Tonquin, que de représenter ce peuple comme une troupe de vagabonds qui vivent dans leurs bateaux sur des rivières, et qui passent d'un lieu à l'autre avec leurs femmes et leurs enfans, sans autre motif que l'indigence , qui leur fait chercher continuellement de quoi satisfaire leurs besoins. L'occasion ordinaire de toutes ces courses est le commerce intérieur du royaume, et la nécessité de s'acquitter du service public. Mais il arrive quelquefois aussi que la grande rivière qui vient de la Chine, et les grosses pluies des mois de mars, d'avril et de mai, causent des inondations si terribles, que le pays paraît menacé de sa ruine. Des provinces entières se trouvent couvertes d'eau, avec une perte infinie pour les habitans, qui sont alors forcés d'abandonner leur demeure et de se retirer dans leurs bateaux.

Les Tonquinois peuvent se marier sans le consentement de leurs pères et de leurs mères. Le temps ordinaire du mariage pour les jeunes filles est l'âge de seize ans. Toute la cérémonie consiste à les demander en faisant quelques présens au père; et si la demande est acceptée, on s'explique de bonne foi sur les richesses mutuelles. Le mari envoie chez la fille tout ce qu'il destine à son usage; on convient d'un jour où, dans une procession solennelle de tous les parens et de tous les amis, elle est portée avec tout ce qu'elle a reçu de son mari dans la maison qu'il a fait préparer pour sa demeure. On s'y réjouit le soir : les prêtres et les magistrats ne s'en mêlent point.

Quoique la polygamie soit tolérée au Tonquin, c'est la femme dont les parens sont les plus qualifiés qui prend le premier rang entre les autres, et qui porte seule le titre d'épouse. La loi du pays permet le divorce aux hommes; les femmes n'ont pas le même privilége, et l'auteur ne connaît point d'autres cas où elles puissent quitter leur mari sans son consentement, que celui de l'autorité d'une famille puissante, dont elles abuseraient pour l'emporter pâr la force. Un mari qui veut répudier sa femme lui donne un billet signé de sa main et de son sceau, par lequel il reconnaît qu'il abandonne tous ses droits, et qu'il lui rend la liberté de disposer d'elle-même. Sans cette espèce de certificat, elle ne trouverait jamais l'occasion de se remarier; mais, lorsqu'elle y est autorisée par l'acte de sa séparation, ce n'est point une tache d'avoir été au pouvoir d'un autre et d'en être abandonnée. Elle emporte, avec ce qu'elle a mis dans la société du mariage, tout ce que son mari lui a donné en l'épousant. Ainsi sa disgrace n'ayant fait qu'augmenter son bien, elle en a plus de facilité à former un nouvel engagement. Les enfans qu'elle peut avoir eus demeurent au mari. Cette compensation d'avantages rend les divorces très-rares.

Un homme de qualité qui surprend sa femme dans l'action de l'adultère est libre de la tuer, elle et son amant, pourvu que cette sanglante exécution se fasse de ses propres mains ; s'il remet sa vengeance à la justice, la femme est écrasée par un éléphant, et le suborneur reçoit la mort par quelque autre supplice. Dans les conditions inférieures, le mari offensé doit recourir aux lois, qui traitent sévèrement les coupables, mais qui exigent des preuves du crime, qu'il n'est pas toujours aisé d'apporter.

La civilité chinoise a fait beaucoup de progrès au Tonquin ; mais, en reconnaissant sa source, l'auteur y fait observer des différences qui viennent d'un mélange d'anciens usages, et qui rendent les Tonquinois moins esclaves de la cérémonie que les Chinois.

Toutes leurs visites se font le matin. C'est

une incivilité de se présenter dans une maison de distinction vers l'heure du dîner, à moins qu'on n'y soit invité. Les seigneurs se rendent même à la cour de fort grand matin ; ils y remplissent leur devoir jusqu'à huit heures, ensuite se retirant chez eux, ils s'y occupent de leurs affaires domestiques ; et le temps qui reste jusqu'à l'heure du dîner est réservé pour la retraite et le repos, comme une préparation nécessaire avant de donner au corps la réfection des alimens.

Entre les personnes de qualité, les princes et les grands mandarins ne sortent que sur des éléphans ou dans de riches palanquins, suivis d'un grand nombre d'officiers, de soldats et de valets. C'est le rang ou la dignité qui règle la grandeur du cortége. Ceux d'un degré inférieur sortent à cheval, et ne sont jamais escortés de plus de dix personnes ; mais il est rare aussi qu'ils en aient moins, parce que l'escorte fait une grande partie de leur faste.

Si celui qui rend la visite est d'un rang supérieur, on doit se garder de lui offrir les moindres rafraîchissemens, sans en excepter le bétel, à moins qu'il ne fasse au maître de la maison l'honneur de lui en demander. L'usage des seigneurs est de faire toujours porter avec eux leur eau et leur bétel ; les boîtes où le bétel est renfermé sont ordinairement de laque noire ou rouge ; cependant les princes et princesses du sang royal en ont d'or massif, enrichies de pierres précieuses et d'écaille de tortue.

Dans la conversation, chacun doit éviter les sujets tristes, et faire tourner tous les discours à la joie, qui est le caractère naturel des habitans. C'est par la même raison qu'ils visitent rarement les malades, et qu'à l'extrémité même de la vie ils n'avertissent point leurs parens de mettre ordre à leurs affaires. Cet avis passerait pour une offense ; aussi meurent-ils la plupart sans avoir disposé de leur héritage par un testament ; ce qui donne lieu à des procès continuels pour la succession de ceux qui meurent sans enfans.

Les salles des grands ont plusieurs alcôves où chacun est assis sur des nattes, les jam-

bes croisées. La distinction du rang est ré-
glée par la hauteur des places; les tapis et
les coussins ne sont pas connus, même à la
cour. On n'y voit pas d'autres lits que des
nattes, avec une sorte d'oreiller fait aussi
de joncs ou de roseaux, qui sert de chevet
ou d'appui.

Les alimens des seigneurs sont assez re-
cherchés, quoique leurs préparations et
leurs assaisonnemens ne paraissent point
agréables aux étrangers. Le peuple vit de
légumes, de riz et de poisson salé. On ne
se sert ni de nappes ni de serviettes; cette
dépense, qui n'a pour objet que la pro-
preté, serait inutile dans un pays où les
doigts ne touchent jamais aux plats ni aux
mets. Toutes les viandes sont coupées avant
le service, et l'on mange, suivant la mode
chinoise, avec deux petits bâtons, qui
tiennent lieu des fourchettes de l'Europe.
Les plats ne sont pas de bois vernissé,
comme Tavernier l'assure, mais de porce-
laine du Japon ou de la Chine, qui est fort
estimée. Les personnes de qualité mangent
avec une sorte de décence; mais le com-

mun des habitans, que l'auteur représente comme les plus gourmands de tous les hommes, ne pensent qu'à se remplir avidement l'estomac, et ne répondraient pas même aux questions qu'on leur ferait à table, comme s'ils craignaient, dit l'auteur, que le temps qu'ils emploieraient à parler ne diminuât leur plaisir ou leur portion d'alimens. Autant l'excès des liqueurs fortes est rare dans le peuple, autant il est en honneur à la cour et parmi les gens de guerre. Un bon buveur y passe pour un galant homme. Dans les repas qu'ils se donnent entre eux, les convives ont la liberté de demander tout ce qu'ils désirent, et celui qui traite regarde cette occasion de les obliger comme une faveur. Leurs complimens, lorsqu'ils se rencontrent, ne consistent point à se demander comment ils se portent, mais où ils ont été, et ce qu'ils ont fait; s'ils remarquent à l'air du visage que quelqu'un soit indisposé, ils ne lui demandent point s'il est malade, mais combien de tasses de riz il mange à chaque repas, et s'il a de l'appétit ou non. L'usage des grands et des riches est de faire trois repas par jour, sans y comprendre une légère collation dans le cours de l'après-midi.

De tous les passe-temps des Tonquinois, les plus communs et les plus estimés sont le chant et la danse. Ils s'y livrent ordinairement le soir, et souvent ils y emploient toute la nuit. C'est ce que Tavernier nomme des comédies; nom fort impropre, observe l'auteur, du moins s'il a prétendu les comparer à celles de l'Europe. On n'y a jamais vu, comme il le dit, des machines et de belles décorations. Les Tonquinois n'ont pas même de théâtres. Mais, outre les maisons des mandarins, qui ont quelques salles destinées à ces amusemens, on voit dans les aldées des maisons de chant où les habitans s'assemblent, surtout aux jours de fêtes. Le nombre des acteurs est ordinairement de quatre ou cinq, dont les gages montent à une piastre pour le travail d'une nuit; mais la libéralité des spectateurs y joint quelques présens, lorsqu'ils sont satisfaits de leur habileté. Leurs habits sont d'une forme bizarre. Ils ont peu de chansons:

elles roulent sur cinq ou six airs ; la plupart à l'honneur de leurs rois et de leurs généraux, mêlées néanmoins d'apostrophes amoureuses et d'autres figures poétiques. La partie de la danse est bornée aux femmes ; mais elles chantent aussi, et, dans l'action même, elles sont souvent interrompues par un bouffon, le plus ingénieux de la troupe, qui s'efforce de faire rire l'assemblée par ses bons mots et ses postures comiques. Leurs instrumens de musique sont des trompettes, des timbales de cuivre, des hautbois, des guitares, et plusieurs espèces de violons. Ils ont une autre sorte de danse, avec un bassin rempli de petites lampes qu'une femme porte sur sa tête, et qui ne l'empêche pas de faire toutes sortes de mouvemens et de figures sans répandre l'huile des lampes, quoiqu'elle s'agite avec une légèreté qui fait l'admiration des spectateurs. Cette danse dure presque une demi-heure.

Les femmes ont aussi beaucoup d'habileté à danser sur la corde, et quelques unes s'en acquittent avec beaucoup de grace.

Les combats de coqs sont fort en honneur au Tonquin, particulièrement à la cour. Les seigneurs font des paris considérables contre les coqs du roi, qui doivent néanmoins être toujours victorieux; aussi cette manière de flatter appauvrit-elle les courtisans.

Ils prennent beaucoup de plaisir à la pêche; et la multitude de leurs rivières et de leurs étangs leur en offre continuellement l'occasion. A l'égard de la chasse, ils s'y exercent peu, parce qu'ils ont à peine une forêt qui convienne à cet amusement.

Mais le principal de leurs passe-temps est la fête du nouvel an, qui arrive vers le 25 janvier, et qui est célébrée pendant trente jours. C'est le temps auquel tous les plaisirs se rassemblent, soit en public, soit dans l'intérieur des maisons. On élève des théâtres au coin des rues. Les instrumens de musique retentissent de toutes parts. La gourmandise et la débauche sont portées à l'excès. Il n'y a point de Tonquinois si misérable qui ne se mette en état de traiter ses amis, dût-il se réduire à mendier son pain pendant toute l'année.

C'est un usage établi de ne pas sortir de sa maison le premier jour de cette fête, et de tenir les portes fermées, dans la crainte de voir ou de rencontrer quelque chose qui puisse être de mauvais augure pour le reste de l'année. Le second jour, chacun visite ses amis, et rend ses devoirs aux supérieurs.

Quelques uns comptent la nouvelle année depuis le 25 de leur dernière lune, parce qu'alors le grand sceau de l'état est mis dans une boîte pour un mois, le seul pendant lequel l'action des lois est suspendue ; toutes les cours de judicature sont fermées ; les débiteurs ne peuvent être saisis ; les petits crimes, tels que les querelles et les vols, demeurent impunis, et la punition même des grands crimes est renvoyée à d'autres temps, avec la seule précaution d'arrêter les coupables : mais la nouvelle année commence proprement, comme on l'a dit, vers le 25 janvier, et la fête dure un mois, suivant l'usage de la Chine.

L'auteur fait remarquer, en concluant cet article, combien Tavernier se trompe dans la plupart de ses observations, surtout lorsqu'il représente les Tonquinois comme un peuple laborieux et plein d'industrie, qui fait un utile emploi de son temps. C'est un éloge, dit-il, qu'on ne peut refuser tout-à-fait aux femmes; mais les hommes sont généralement paresseux, et ne penseraient qu'à satisfaire leur gourmandise, s'ils n'étaient forcés au travail.

C'est une autre erreur dans Tavernier de prétendre que les Tonquinois se font un déshonneur d'avoir la tête découverte : un inférieur ne paraît jamais que la tête nue devant son supérieur; et ceux qui reçoivent quelque ordre du roi, verbal ou par écrit, ne peuvent l'entendre ou le lire sans avoir commencé par ôter leur robe et leur bonnet. A la vérité, les criminels qui sont condamnés à la mort ont la tête rasée, pour être reconnus facilement, s'ils échappaient à leurs gardes; mais cette raison est fort différente de celle qu'apporte Tavernier; il ne se trompe pas moins lorsqu'il parle des criminels écartelés ou crucifiés : ces supplices ne sont pas connus dans le pays.

La mémoire est, de toutes les facultés, la plus nécessaire pour l'espèce de science à laquelle il aspirent ; elle consiste particulièrement dans un grand nombre de caractères hiéroglyphiques. De là vient que parmi leurs lettrés il s'en trouve qui n'ont pris leurs degrés qu'après quinze, vingt ou trente ans d'étude, et que plusieurs étudient toute leur vie sans pouvoir y parvenir ; aussi n'ont-ils pas de terme fixe pour le cours de leurs études : ils peuvent s'offrir à l'examen aussitôt qu'ils se croient capables de le soutenir. Le pays n'a pas d'écoles publiques. Chacun prend pour ses enfans le précepteur qui lui convient.

Ils n'ont adopté des sciences chinoises que la morale, dont ils puisent les principes dans la même source, c'est-à-dire dans les livres de Confucius. Leur ignorance dans la philosophie naturelle est extrême ; ils ne sont pas versés dans les mathématiques et dans l'astronomie ; leur poésie est obscure ; leur musique a peu d'harmonie. Enfin l'auteur, ne s'attachant qu'à la vérité dans le jugement qu'il porte de son pays, admire que

Tavernier ait pu prendre les Tonquinois pour le peuple de l'Orient le plus versé dans toutes ces connaissances.

Les lettrés du Tonquin doivent passer par divers degrés, comme ceux de la Chine, pour arriver au terme de leur ambition. Ce n'est pas la noblesse, car les honneurs meurent ici avec la personne qui les a possédés; mais toutes les dignités du royaume sont la récompense du mérite littéraire. Le premier degré est celui de *sindgo*, qui revient à celui de bachelier en Europe; le second, celui de *rang-cong*, qu'on peut comparer à celui de licencié; et le troisième, celui de *tuncy*, qui donne proprement la qualité de docteur. Entre les docteurs, on choisit le plus habile pour en faire le chef ou le président des sciences, sous le titre de *tranghi-vin*. La corruption, la partialité, et toutes les passions, qui ont tant de part à tout ce qui se fait au Tonquin, cèdent pour ce choix à l'amour de l'ordre et de la justice; on y apporte tant de soins et de précautions, qu'il tombe toujours, dit Baron, sur les plus dignes sujets. Si cet éloge est vrai, le Tonquin est un pays unique.

Ils réussissent peu dans la médecine, quoiqu'ils en étudient les principes dans des livres chinois, qui leur apprennent à connaître et à préparer les simples, les drogues et les racines. La confusion de leurs idées ne permet guère de se fier à leurs raisonnemens. L'expérience est la plus sûre de leurs règles; mais comme elle ne leur donne pas la connaissance de l'anatomie et de tout ce qui entre dans la composition du corps humain, ils attribuent toutes les maladies au sang; et l'application de leurs remèdes ne suppose jamais aucune différence dans la constitution du corps. Tavernier a cru parler des médecins chinois, lorsqu'il relève l'habileté de ceux du Tonquin à juger des maladies par le pouls.

La peste, la gravelle et la goutte sont des maux peu connus dans ces contrées. Les maladies les plus communes au Tonquin sont la fièvre, la dysenterie, la jaunisse, la petite-vérole, etc., pour lesquelles on emploie différens simples, et surtout la diète et l'abstinence. La saignée s'y pratique rarement, et la méthode du pays ne ressemble point à celle de l'Europe : c'est du front que les Tonquinois se font tirer du sang avec un os de poisson, dont la forme a quelque ressemblance avec la flamme des maréchaux européens. On l'applique sur la veine, on la frappe du doigt, et le sang rejaillit aussitôt ; mais leur grand remède est le feu dans la plupart des maladies. La matière dont ils se servent pour cette opération est une feuille d'arbre bien séchée, qu'ils battent dans un mortier, et qu'ils humectent ensuite avec un peu d'encre de la Chine : ils la divisent en plusieurs parties de la grandeur d'un liard, qu'ils appliquent en différens endroits du corps : ils mettent le feu avec un petit papier allumé, et le malade a besoin d'une patience extrême pour résister à la douleur ; mais, quoique l'auteur ait vu pratiquer continuellement cette méthode, et qu'il en ait entendu louer les effets, il n'en a jamais vérifié la vertu par sa propre expérience. L'usage des ventouses n'y est pas moins commun, et s'exerce à peu près comme en Europe ; mais on se sert de calebasses au lieu de verres.

Les Tonquinois entendent si peu la chirurgie, que, pour les dislocations et les fractures des os, ils n'emploient que certaines herbes dont l'auteur vante l'effet. Ils ont un autre remède, qui consiste à réduire en poudre les os crus d'une poule, dont ils font une pâte qu'ils appliquent sur la partie affectée, et qui passe pour un spécifique souverain. Ils prennent pour quelques maladies des coquillages de mer réduits en poudre, surtout des écailles de crabes, qu'ils croient convertis en pierre par la chaleur du soleil, et qu'ils avalent en potion.

Les grands ont l'usage du thé, mais sans y attacher beaucoup de vertu. Ils emploient particulièrement un thé du pays qu'ils appellent *chia-bang*, qui n'est composé que de feuilles ; mais ils en ont un autre nommé *chiavay*, qui ne consiste que dans les bourgeons et les fleurs d'un certain arbre, qu'ils font bouillir après les avoir fait sécher et rôtir, et qui forme une liqueur fort agréable : elle se boit chaude, moins pour l'utilité que pour le plaisir. L'auteur accuse ici

Tavernier d'une erreur grossière, lorsqu'il donne la préférence au thé du Japon sur celui de la Chine. « Qu'on en juge, dit-il, par la différence du prix, qui est de trente à cent. »

Il est certain que les Tonquinois ont été de tout temps une nation différente de celle des Chinois, qui les appellent *mansos* ou *barbares*, et leur pays *Annam*, parce qu'il est situé au sud de la Chine, et que les habitans ont beaucoup de ressemblance avec les autres Indiens dans leurs alimens, dans l'usage de colorier leurs dents et d'aller pieds nus, et dans la forme de leur gros orteil droit, qui s'écarte beaucoup des autres doigts du pied ; mais il ne faut point espérer d'éclaircissement sur la manière dont ce pays était gouverné avant qu'il devînt une province de la Chine, parce que les habitans, n'ayant alors aucun caractère d'écriture, n'ont pu conserver d'anciennes histoires, et que celles qu'ils ont composées depuis ne peuvent passer que pour autant de fictions et de fables.

Les Tonquinois, long-temps gouvernés

par leurs propres rois, et souvent en guerre avec les empereurs de la Chine, avaient enfin été assujettis à ce grand empire.

On changea la forme de l'administration, et ils reçurent un général ou vice-roi qui les soumit à la plupart des lois chinoises. Une longue tranquillité servit à affermir une nouvelle constitution. Cependant le souvenir de l'ancienne liberté, réveillé par l'insolence du vainqueur, fit naître dans toute la nation le désir de se délivrer du joug. Elle prit les armes sous la conduite d'un vaillant capitaine nommé *Li :* elle tailla les Chinois en pièces, sans épargner le vice-roi, qui se nommait *Loutang*. La fortune ayant continué de se déclarer pour elle dans plusieurs batailles, tant de revers et les guerres civiles qui désolèrent alors la Chine portèrent l'empereur Humveon à recevoir des propositions de paix. Il retira ses troupes à certaines conditions, qui n'ont pas cessé depuis quatre cent cinquante ans d'être exécutées fidèlement. Elles obligent les Tonquinois d'envoyer de trois ans en trois ans à Pékin, capitale de l'empire chinois, un présent qui porte le nom de *tribut*, et de rendre hommage à l'empereur pour leur royaume et leur liberté, qu'ils reconnaissent tenir de sa bonté et de sa clémence.

Entre les richesses et les raretés qui composent le présent, ils devaient autrefois porter des statues d'or et d'argent, en forme de criminels qui demandent grace, pour marque qu'ils attribuaient cette qualité à l'égard des Chinois, depuis qu'ils avaient massacré un vice-roi de cette nation. Aujourd'hui le tribut ne consiste plus qu'en barres d'or. Les rois du Tonquin reçoivent aussi leur sceau des empereurs de la Chine, comme une marque de leur dépendance. D'un autre côté, les Chinois reçoivent aussi les ambassadeurs avec beaucoup de pompe et de magnificence, moins par affection, suivant la remarque de Baron, que pour donner une haute idée de leur propre grandeur en relevant celle de leurs vassaux. Au contraire, dans les ambassades qu'ils envoient quelquefois au Tonquin, s'ils font éclater la majesté de leur empire par l'appareil extraordinaire du cortége, le ministre impérial porte la fierté jusqu'à dédaigner de rendre visite au roi, et de le voir dans tout autre lieu que la maison qu'il occupe àKécho.

Li trouva dans les Tonquinois toute la reconnaissance qu'ils devaient à ses importans services. Ils le reconnurent pour leur roi, et ses descendans lui succédèrent sans interruption pendant l'espace de deux siècles. Mais ayant été détrônés par un rebelle, et rétablis par Tring, brigand courageux, tout leur pouvoir passa entre les mains de leur libérateur, qui ne leur laissa plus qu'une ombre de royauté. Il se réserva le titre de *chova*, qui signifie général de toutes les forces du royaume, et attira ainsi à lui toute l'autorité. Cette forme de gouvernement est demeurée si bien établie, que depuis ce temps-là toutes les prérogatives du pouvoir souverain ont résidé dans le chova. C'est lui qui fait la guerre et la paix, qui porte les lois ou qui les abroge, qui pardonne ou qui condamne les criminels, qui crée ou qui dépose les officiers civils et militaires, qui impose les taxes ; en un mot, qui jouit de l'exercice de la royauté. Les Européens ne font pas même difficulté de leur donner le nom de *roi*; et pour mettre quelque distinction entre les rangs, ils donnent aux successeurs de Li la qualité d'empereurs. Ces faibles princes, qui portent dans le pays le titre de *bova*, passent leur vie dans l'enceinte du palais, environnés d'espions du chova. L'usage ne leur permet de sortir qu'une ou deux fois l'année, pour quelques fêtes solennelles qui regardent moins l'état que la religion. Leur pouvoir se réduit à confirmer les décrets du chova par de simples formalités. Ils les signent; ils y mettent leur sceau; mais il y aurait peu de sûreté pour eux à les contre-dire; et quoiqu'ils soient respectés du peuple, c'est au chova qu'on paie les tributs et qu'on rend les devoirs de l'obéissance.

Ainsi la dignité de général est devenue héréditaire au Tonquin comme la couronne. L'aîné des fils succède à son père. Cependant l'ambition a souvent fait naître des querelles fort animées entre les frères, et l'état s'en est ressenti par de longues guerres : ce qui fait dire comme en proverbe que « la mort de mille bovas n'est « pas si dangereuse pour le Tonquin que « celle d'un seul chova. »

Ce royaume est proprement divisé en six provinces, dont cinq ont leurs gouverneurs particuliers ; mais celle de Nghean, qu fait la sixième, et qui touche aux frontières de la Cochinchine, est gouvernée par les descendans d'Hoan-iong, autre usurpateur qui prit aussi le titre de chova dans le temps de la révolution qui détrôna la postérité de Li, titre que ses successeurs ont conservé avec un pouvoir absolu.

Les gouverneurs des provinces ont pour second officier un mandarin lettré qui partage les soins de l'administration civile, et qui veille au maintien des lois. Chaque province a plusieurs tribunaux de justice, dont l'un est indépendant de l'autorité du gouverneur, et ressortit immédiatement du tribunal souverain de Kécho. La connaissance des affaires criminelles appartient uniquement au gouverneur. Il punit sur-le-champ tous les délits légers ; mais sa sentence pour ceux qui méritent la mort est envoyée au chova, qui doit la confirmer.

Les affaires ou les querelles des grands sont jugées dans la capitale par divers tribunaux qui tirent leurs noms et leurs dignités de leurs différentes fonctions. Ainsi l'un juge des crimes d'état; l'autre, des meurtres; un autre, des différends qui s'élèvent pour les terres ; un autre, de ceux qui regardent les maisons, etc. Quoique les lois chinoises aient été reçues par les Tonquinois, et qu'elles composent le droit du pays, ils ont quantité d'édits et de constitutions particulières, anciennes et modernes, qui ont encore plus de force, et qui sont rédigées en plusieurs livres. Baron observe même que dans plusieurs des lois qui leur sont propres on reconnaît plus de justice et d'honnêteté naturelle que dans celles de la Chine. Telle est celle qui défend l'exposition des enfans, quelque difformes qu'ils puissent être; tandis qu'à la Chine cet usage barbare est non-seulement toléré, mais même ordonné par une ancienne loi. D'un autre côté, quelque sagesse et quelque fonds d'humanité qu'on soit obligé de reconnaître dans les anciennes constitutions du Tonquin, il s'est glissé une si étrange corruption dans tous les tribunaux de justice, qu'il y a peu de crimes dont on ne soit sûr de se faire absoudre à prix d'argent.

Si le chova se marie, ce qui n'arrive guère que dans les dernières années de sa vie, et lorsqu'il n'a plus d'espérance d'avoir d'enfans de la personne qu'il épouse, cette femme, qui est d'extraction royale, prend le nom de *mère du pays*. Son rang est supérieur à toutes les concubines dont il entretient dès sa première jeunesse un nombre illimité, qu'on a vu monter quelquefois jusqu'à cinq cents. C'est moins à la beauté que les seigneurs tonquinois s'attachent dans le choix des femmes qu'aux talens pour la danse, le chant, les instrumens de musique, et pour tout ce qui peut servir à l'amusement. Celle qui donne le premier fils au chova reçoit des honneurs distingués. Cependant ils n'approchent point de la distinction avec laquelle sa dernière femme est traitée. Les autres concubines qui ont des enfans de lui prennent le nom de *doueba* , qui signifie *excellente femme*. Tous les enfans mâles, à l'exception de l'aîné, portent celui de *doucong* , ou d'*excellent homme ;* et les filles celui de *batoua*, qui revient au titre européen de *princesse*.

Il ne manque rien du côté de la distinction et de l'opulence à tous les enfans du chova; mais ses frères et ses sœurs sont réduits au revenu qu'il veut leur accorder, et qui diminue dans leurs familles à proportion qu'ils s'éloignent de la source commune de leur sang. Aux cinquième et sixième degrés, ils cessent de recevoir les pensions dont ils avaient joui jusqu'alors.

On a remarqué que le temps des visites entre les Tonquinois est la première heure du jour. Tous les seigneurs, les mandarins, et les officiers civils et militaires, se rendent alors au palais pour faire leur cour au chova; mais l'empereur ou le bova ne reçoit leurs complimens que le premier et le quinzième jour de la lune. Ils paraissent devant lui en robes bleues, avec des bonnets de coton de leurs propres manufactures.

Le chova reçoit ses courtisans avec beaucoup de pompe : ses gardes, qui sont en grand nombre, occupent la cour du palais ; quantité d'eunuques dispersés dans les appartemens reçoivent les demandes des mandarins et leur portent ses ordres : les requêtes des plus puissans sont présentées à genoux. C'est un spectacle digne de la curiosité des étrangers que cette multitude de seigneurs qui s'efforcent d'attirer les regards de leur maître, et de se faire distinguer par leurs respects et leurs humiliations. Tout se passe non - seulement avec décence, mais avec un air de majesté qui impose. Les salutations se font à la manière des Chinois. Il n'y a de choquant pour les Européens dans les usages de cette cour que la loi servile qui oblige les grands d'avoir les pieds nus. Ils sont traités d'ailleurs avec bonté. La plus grande punition pour leurs offenses est une amende ou le bannissement ; il n'y a que le crime de trahison qui les expose au dernier supplice.

L'audience finit à huit heures. Il ne reste avec le chova que les capitaines de ses gardes et ses officiers domestiques, dont la plupart sont eunuques, du moins ceux qui entrent dans l'intérieur du palais et dans les appartemens des femmes. Leur nombre est de quatre ou cinq cents, la plupart fort jeunes, mais si fiers et si impérieux, qu'ils sont détestés de toute la nation. Cependant ils ont toute la confiance du chova, dans les affaires du gouvernement comme dans ses occupations domestiques. Après avoir servi sept ou huit ans au palais, ils s'élèvent par degrés à l'administration et aux principales dignités du royaume, tandis que les lettrés mêmes sont souvent négligés. Mais Baron observe que l'estime a moins de part à leur faveur que l'intérêt. Lorsqu'ils meurent, les richesses qu'ils ont accumulées par toutes sortes d'injustices et de bassesses reviennent au chova; et leurs parens, qui n'ont contribué à leur grandeur qu'en leur ôtant la qualité d'hommes, n'obtiennent de leur succession que ce qu'il veut bien leur accorder. On peut remarquer que dans toutes les cours d'Orient les eunuques ont toujours eu un grand crédit;

c'est qu'à mesure qu'on est moins homme, on est meilleur esclave. Cependant la vérité oblige Baron de reconnaître qu'il s'est trouvé entre ces eunuques des ministres et des officiers d'un mérite extraordinaire, tels, dit-il, qu'Ong-ia-tu-li, Ong-ia-ta-fo-bay et Ong-ia-ho-fatak, qui ont fait l'honneur et les délices du Tonquin. Mais il ajoute qu'ils avaient perdu la virilité par divers accidens, et qu'ils n'étaient pas nés pour la servitude.

Au commencement de chaque année, tous les mandarins et les officiers militaires renouvellent au chova leur serment de fidélité. Ils reçoivent ensuite le même serment de leurs femmes, de leurs enfans, de leurs domestiques, et de tous ceux qui sont dans leur dépendance.

Il se fait tous les ans une revue générale des forces du royaume, dans laquelle on a beaucoup d'égard à la taille des soldats : ceux de la plus haute sont réservés pour la garde du chova. On dispense de cette revue ceux qui ont quelque degré de littérature ou quelque métier. Les châtimens ne sont jamais cruels; et Baron assure en général que les Tonquinois n'ont pas l'humeur sanguinaire. L'usage est d'étrangler les criminels du sang royal : on coupe la tête aux autres.

La demeure ou la cour du chova est toujours à Kécho, dans un palais fort spacieux et fermé de murs, qui forme presque le centre de la ville. Il est environné d'un grand nombre de petites maisons pour le logement des soldats; mais les édifices intérieurs ont deux étages, avec des ouvertures qui servent au passage de l'air : les portes en sont hautes et majestueuses. On voit dans les appartemens du chova et dans ceux de ses femmes tout ce qu'une longue suite d'années peut avoir rassemblé de richesses. L'or y éclate de toutes parts sur les ouvrages de sculpture et du plus beau laque. La première cour offre les écuries des meilleurs chevaux et des plus gros éléphans. Derrière le palais, on trouve des jardins ornés d'allées, de bosquets, d'étangs, et de tout ce qui peut servir à l'amusement d'un prince qui s'éloigne rarement de sa demeure.

A l'égard de la succession au trône, l'empereur même ignore souvent lequel de ses fils doit lui succéder, lorsqu'il en a plus d'un ; et s'il n'en a qu'un, il n'est pas plus certain de lui laisser sa couronne, parce que cette disposition dépend du choya, qui, n'étant borné par l'usage qu'à faire régner un prince du sang impérial, favorise celui qui convient le mieux à ses desseins.

Le Tonquin a diverses cérémonies empruntées de la Chine, qui donnent à l'empereur les seules occasions qu'il ait de se montrer au peuple. Telle est celle de la bénédiction des terres, que le prince solennise avec beaucoup de jeûnes et de prières, et dans laquelle il laboure la terre, comme l'empereur de la Chine, pour mettre l'agriculture en honneur. Cette fête se nomme *Le-can-ia*.

L'horreur de la mort, plus vive au Tonquin que dans tout autre pays du monde, a produit dans l'esprit des habitans quantité de notions superstitieuses, dont les grands ne sont pas plus exempts que le peuple. Ils croient que les enfans, dans le sein maternel, ne sont animés que par les esprits des enfans qui sont morts avant d'être parvenus à la maturité de la raison; que les ames de tous les autres hommes deviennent autant de génies capables de faire du bien ou du mal; qu'elles seraient toujours errantes et sujettes à toutes sortes de besoins, si le secours de leurs familles ne les aidait à subsister, ou si, suivant leurs propres inclinations, elles ne se procuraient ce qui leur manque, par le mal qu'elles commettent, ou par le bien qu'elles font. De cette folle idée ils concluent que, pour ceux qui sont sortis de l'enfance, la mort est le plus grand mal de la nature humaine.

Ils observent avec une exactitude et des soins inviolables l'heure et le jour auxquels une personne expire. S'il arrive que ce soit au même jour, à la même heure que son père ou ceux qui lui appartiennent de près par le sang sont venus au monde, c'est un très-malheureux présage pour ses héritiers et ses descendans. Ils ne permettent point alors que le corps soit enterré sans avoir consulté leurs devins et leurs prêtres pour

choisir un jour favorable à cette cérémonie.
Deux et trois ans se passent quelquefois
avant qu'ils aient obtenu les lumières qui
leur manquent. Le cercueil est renfermé,
pour les attendre, dans quelque lieu propre
à ce dépôt, et n'y doit point être autrement
placé que sur quatre pieux qu'on dispose
dans cette vue.

Baron ajoute néanmoins que cet usage ne
s'observe que dans les conditions aisées, et
que les pauvres, moins scrupuleux, font
enterrer leurs parens douze ou quinze jours
après leur mort. Il donne une forte raison
de cette différence. Plus la sépulture est re-
tardée, plus la dépense augmente, non-seulement pour la femme et les enfans, qui
sont obligés d'offrir trois fois chaque jour
au corps diverses sortes d'alimens, et d'entretenir continuellement dans le lieu du
dépôt des flambeaux et des lampes, outre
l'encens et les parfums qu'ils doivent brûler, avec quantité de papier doré, sous différentes formes de chevaux, d'éléphans et
d'autres animaux ; mais encore pour tout le
reste de la famille, qui doit contribuer aux

frais de la fête funèbre. Rien n'est aussi plus fatiguant pour tous les proches que l'usage indispensable de venir se prosterner plusieurs fois le jour devant le corps, et de renouveler leurs lamentations avec des cérémonies fort ennuyeuses.

Les personnes riches apportent beaucoup de soin, dans leur vieillesse, à se préparer un cercueil, et n'y épargnent point la dépense. On observe une distinction pour le sexe. Un homme qui meurt est revêtu de sept de ses meilleurs habits; une femme, de neuf. On met dans la bouche des personnes de qualité de petites pièces d'or et d'argent, et de la semence de perles, pour les garantir de l'indigence dans une nouvelle vie. On remplit aussi la bouche des pauvres, mais de choses peu précieuses, et dans la seule vue d'empêcher par cette espèce de frein qu'ils ne puissent tourmenter les vivans. Quelques uns placent dans leur cercueil un vase plein de riz qui est enterré avec eux. On n'emploie point de clous pour fermer le cercueil. Il est calfaté d'une espèce de ciment dont Baron parle avec admiration. L'usage du moindre clou passerait pour une insulte qu'on ferait au corps.

En le conduisant à la sépulture, les fils sont vêtus d'habits grossiers, et portent des bonnets qui ne le sont pas moins. Ils ont à la main des bâtons sur lesquels ils s'appuient, dans la crainte que l'excès de la douleur ne les fasse tomber. Les femmes et les filles ont la tête couverte d'un drap qui les dérobe à la vue, mais qui laisse entendre leurs cris et leurs gémissemens. Dans la marche, l'aîné des fils se couche à terre par intervalles, et laisse passer le corps sur lui. Cette cérémonie est regardée comme la plus grande marque de respect filial. Lorsqu'il se relève, il pousse des deux mains le cercueil en arrière, comme s'il espérait engager le père à retourner au séjour des vivans. On porte dans le convoi diverses figures de papier peint ou doré, qui sont brûlées après l'enterrement, au bruit des timbales, des hautbois et d'autres instrumens de musique. L'appareil est proportionné aux richesses de la famille. Les seigneurs ont plusieurs cercueils l'un sur l'autre. Ils sont portés

sous un riche dais, avec une escorte de soldats, et une longue suite de mandarins qui
s'empressent, dans ces occasions, de rendre
au mort les mêmes honneurs qu'ils espèrent
recevoir.

Pour le deuil, on se coupe les cheveux
jusqu'aux épaules, on se couvre d'habits
couleur de cendre, et l'on porte une sorte
de bonnet de paille. Il dure trois ans pour
un père et une mère. Le fils aîné y ajoute
trois mois. Dans un si long intervalle, les
enfans habitent peu leurs logemens ordinaires. Ils couchent à terre sur des nattes ;
non-seulement ils se réduisent aux alimens
les plus simples, mais ils se font servir dans
une vaisselle grossière. Ils se privent des liqueurs fortes ; ils n'assistent à aucune fête.
Le mariage même leur est interdit ; et s'ils
manquaient à des lois si sévères, ils per-
draient leurs droits à la succession. Mais
lorsque la fin du deuil approche, ils se re-
lâchent par degrés de cette extrême rigueur.

Les tombeaux sont dans les diverses aldées, où chaque famille a quelques parens.
On regarde comme le dernier malheur pour

une famille qu'une personne du même sang soit privée de la sépulture. Le choix du lieu le plus favorable est un mystère qui importe beaucoup aussi au bonheur et à l'infortune des successeurs. Il demande ordinairement plusieurs années de consultation. Pendant le cours du deuil, on célèbre quatre fois l'an la fête des morts. Ces temps sont réglés au mois de mai, de juin, de juillet et de septembre. Mais le sacrifice qui se fait à l'expiration des trois ans est le plus magnifique, et jette les Tonquinois dans une dépense qui ruine quelquefois leur fortune.

Quoique la principale religion des Tonquinois soit celle de Confucius, qu'ils ont reçue des Chinois, avec les livres qui en contiennent les principes, elle n'est point accompagnée au Tonquin d'un aussi grand nombre de cérémonies qu'à la Chine.

Les Tonquinois donnent à Confucius le nom d'*Ong-Tong* ; ils le regardent comme le plus sage de tous les hommes ; et, sans examiner d'où lui venait la sagesse, ils croient qu'il n'y a point de vertu et de vé-

rité qui ne soit fondée sur ses principes :
aussi n'obtient-on parmi eux aucun degré
d'honneur et d'autorité, si l'on n'est versé
dans ses écrits. Le fond de sa doctrine consiste dans des règles morales. Baron les réduit aux articles suivans : « Que chacun
doit se connaître soi-même, travailler à la
perfection de son être, et s'efforcer par ses
bons exemples de conduire les créatures de
son espèce au degré de perfection qui leur
convient, pour arriver ensemble au bien
suprême; qu'il faut étudier aussi la nature
des choses, sans quoi l'on ne saurait jamais
ce qu'il faut faire, ce qu'il faut fuir, et
comment il faut régler ses désirs. »

Les sectateurs tonquinois de Confucius
reconnaissent, dit-il, un Dieu souverain,
qui dirige et qui conserve toutes les choses
terrestres : ils croient le monde éternel; ils
rejettent le culte des images ; ils honorent
les esprits jusqu'à leur rendre une sorte
d'adoration ; ils attendent des récompenses
pour les bonnes actions, et des châtimens
pour le mal ; ils sont partagés dans l'opinion
qu'ils ont de l'immortalité. Les uns croient

l'ame immortelle sans exception, et prient même pour les morts; d'autres n'attribuent cette heureuse prérogative qu'à l'ame des justes, et croient que celle des méchans périt en sortant du corps; ils croient l'air rempli d'esprits malins qui s'occupent sans cesse à nuire aux vivans. Le respect pour la mémoire des morts est dans une haute recommandation; chaque famille honore les siens par des pratiques régulières qui approchent beaucoup de celles de la Chine. « Cette religion, ajoute Baron, est sans temples et sans prêtres, sans forme établie pour le culte; elle se réduit à honorer le roi du ciel et à pratiquer la vertu. Chacun est libre dans sa méthode; ainsi jamais aucun sujet de scandale: c'est la religion de l'empereur, du chova, des princes, des grands et de toutes les personnes lettrées. Anciennement l'empereur seul avait droit de faire des sacrifices au roi du ciel; mais, en usurpant l'autorité souveraine, le chova s'est mis en possession de cette prérogative. Dans les calamités publiques, telles que les pluies ou les sécheresses, la famine, la peste, etc., il fait un sacrifice dans son palais; ce grand acte de religion est interdit à tout autre, sous peine de mort. »

La seconde secte du Tonquin, qui est proprement celle du peuple, des femmes et des eunuques, se nomme *Bout* dans le pays, et n'est pas différente de celle de *Fo*, qui est une véritable idolâtrie. Ses partisans adorent quantité de statues, et sont partisans de la transmigration. Ils offrent des présens et des sacrifices au diable pour détourner le mal qu'il peut leur faire; cependant ils sont aussi sans prêtres. Tavernier se trompe, suivant Baron, lorsqu'il donne le nom de prêtres à leurs devins, qui ne sont qu'une espèce de moines dont toutes les fonctions se réduisent au service des pagodes et à l'exercice de la médecine : la plupart subsistent des aumônes du peuple. Le Tonquin a aussi ses religieuses, qui mènent une vie retirée dans leurs cloîtres, d'où elles ne sortent que pour jouer de leurs instrumens de musique aux funérailles.

On distingue d'autres sectes, mais qui ont fait peu de progrès; cependant celle de

Lanzo, qui est la secte des magiciens, s'est acquis l'estime des grands et le respect du vulgaire. On consulte ses chefs dans les occasions importantes, et leurs réponses ou leurs prédictions passent pour des inspirations du ciel.

On en distingue plusieurs classes. Ceux qu'on appelle *thay-bou* sont consultés sur tout ce qui concerne les mariages, la construction des édifices et le succès des affaires. Leurs réponses sont payées libéralement ; et, pour soutenir le crédit de ces impostures, ils ont toujours l'adresse de les envelopper dans des termes équivoques qui paraissent s'accorder avec l'événement. Les magiciens de cette classe sont tous aveugles, ou de naissance, ou par accident, c'est-à-dire que tous ceux qui ont perdu la vue embrassent la profession de thay-bou. Avant de prononcer leurs oracles, ils prennent trois pièces de cuivre, sur lesquelles sont gravés certains caractères, et les jettent plusieurs fois à terre, dans un espace où leurs mains peuvent atteindre. Ils sentent chaque fois sur quelle face elles sont tombées ; et, prononçant quelques mots dont le son ne passe pas leurs lèvres, ils donnent ensuite la réponse qu'on leur demande. Nos quinze-vingts ne feraient pas mieux.

Les *thai-bou-toni* sont ceux auxquels on s'adresse pour les maladies; ils ont leurs livres, dans lesquels ils prétendent trouver la cause et le résultat de tous les effets naturels; mais ils ne manquent jamais de répondre que la maladie vient du diable ou de quelques dieux de l'eau. Leur remède ordinaire est le bruit des timbales, des bassins et des trompettes. Le conjurateur est vêtu d'une manière bizarre, chante fort haut, prononce au bruit des instrumens différens mots qu'on entend d'autant moins qu'il tient lui-même à la main une petite cloche qu'il fait sonner sans relâche. Il s'agite, il saute; et comme on n'a recours à ces imposteurs qu'à l'extrémité du mal, ils continuent cet exercice jusqu'au moment où le sort du malade se déclare pour la vie ou pour la mort. Il ne leur est pas difficile alors de conformer leur oracle aux circonstances; mais si cette opération dure plusieurs jours, on a soin de leur fournir les meilleurs alimens du pays, qu'ils mangent sans crainte, quoiqu'ils feignent d'abord de les offrir au diable, comme un sacrifice capable de l'apaiser.

C'est aux magiciens de la même classe qu'on attribue le pouvoir de chasser les esprits malins d'une maison. Ils commencent par invoquer d'autres esprits avec des formules en usage. Ensuite, ayant appliqué sur le mur des feuilles de papier jaune, qui contiennent d'horribles figures, ils se mettent à crier, à sauter, à faire toutes sortes de mouvemens avec un bruit et des contorsions qui causent de l'épouvante. Ils bénissent aussi les maisons neuves par une espèce de consécration.

Les *thay-de-lys* sont consultés sur les lieux favorables aux enterremens ; et si l'on se rappelle de quelle importance ce choix est pour les Tonquinois, on jugera que cette classe de magiciens est fort employée.

Les *ba-co-tes* sont une autre espèce d'imposteurs qui n'exercent la magic que pour le peuple, et dont le salaire est aussi vil que leurs fonctions.

Baron s'étend peu sur les temples du Tonquin. La religion des grands les exclut; et celle du peuple ne lui inspire pas assez de zèle pour l'avoir porté à le signaler par de grands édifices. Ce ne sont que de simples appentis ouverts de tous côtés, au milieu desquels on voit quelques idoles suspendues ou soutenues par quelques planches, sans autel et sans aucun ornement. Le pavé est élevé de quelques pieds pour le garantir des inondations; et l'on y monte ordinairement par quelques degrés qui règnent à l'entour, et qui donnent entrée par toutes les faces. La forme générale de ces temples est un carré long.

La plus grande partie de cette contrée est basse et plate, assez semblable aux Provinces-Unies par ses canaux et ses digues. Ses frontières sont des montagnes du côté du nord, de l'ouest et du sud. Elle est arrosée par le Song-Koï, grand fleuve dont il a déjà été question; mais elle en a plusieurs autres considérables, et continuellement couverts de bateaux et de grandes barques, qui rendent le commerce très-florissant. A la vérité, il ne croît dans le pays ni vin ni blé; ce qu'il faut attribuer uniquement à l'indifférence des habitans, qui ne les cultivent point, parce qu'ils en ignorent l'utilité. Leur principale nourriture est le riz, dont toutes les parties du pays produisent une quantité suffisante. On en distille l'arack comme partout ailleurs.

Les charrues du Tonquin, et la manière de s'en servir, diffèrent de celles des Chinois.

Tous les fruits n'y sont pas inférieurs dans leur espèce à ceux des autres pays de l'Orient, mais les oranges sont infiniment meilleures. Les cocos, outre leurs usages ordinaires, fournissent une huile excellente pour les lampes. Les goyaves, les papayes et les bancous y croissent en abondance. Le bétel et l'arec font les délices des habitans, comme dans toutes les autres parties de l'Inde. Ils ont une figue qui ressemble peu à celle de l'Europe, et qui approche de la carotte pour le goût, mais infiniment plus agréable.

On y trouve en abondance le *li-tchi*, que

les habitans nomment *bi-djaï*, et que nous décrirons en parlant des fruits de la Chine. Vers le temps de sa maturité, qui est au mois d'avril, les officiers du roi mettent leur sceau sur les arbres qui promettent le meilleur bi-djaï, sans examiner à qui ils appartiennent ; et les propriétaires sont obligés, non-seulement de n'y pas toucher, mais encore de veiller à la conservation des fruits qui sont réservés pour la cour.

L'ananas y croît aussi ; mais on n'y trouve pas le durion, qui demande un climat plus chaud. On voit plusieurs sortes de prunes. Le myté, que Baron croit le plus gros fruit du monde, et que la nature ingénieuse, dit-il, fait sortir du tronc de son arbre, parce que les branches ne seraient pas capables de le porter, est plus gros encore au Tonquin que dans les autres pays, où il porte le nom de jak (fruit à pain). On en distingue plusieurs sortes, dont les plus secs, c'est-à-dire ceux qui ne s'attachent point aux doigts ni aux lèvres, passent pour les meilleurs.

Les Tonquinois font autant d'estime que

les Chinois de ces petits nids d'oiseaux qui servent non-seulement à la bonne chère, avec différentes préparations qu'on leur donne en qualité d'alimens, mais qui ont la vertu de fortifier l'estomac, et même celle d'exciter les deux sexes à la propagation. Tavernier dit qu'il ne s'en trouve que dans la Cochinchine. C'est une erreur grossière. Baron soutient même qu'il n'y a point de ces nids dans la Cochinchine. Il ajoute, avec raison, que les oiseaux qui les font ne sont pas si gros que l'hirondelle.

Les vers à soie font une des richesses du Tonquin, et s'y élèvent avec autant d'habileté qu'à la Chine. Aussi les pauvres sont-ils vêtus d'étoffes de soie comme les riches, et les plus belles n'y sont presque pas plus chères que les étoffes de coton.

Quoique les Tonquinois ne s'attachent point à la culture des fleurs, ils en ont de plusieurs sortes, telles qu'une espèce de belle rose d'un blanc mêlé de pourpre, et une autre qui est rouge et jaune, et qui croît sur un arbuste sans épines, mais qui n'a point d'odeur.

9*

Le lis croît au Tonquin , comme dans les autres pays de l'Inde, blanc , assez semblable à celui de l'Europe; mais la fleur est beaucoup plus petite, quoique la tige soit assez haute. Le jasmin qu'on appelle *de Perse* y est fort commun.

Les cannes à sucre croissent en abondance au Tonquin , mais les habitans s'entendent mal à raffiner le sucre.

Le pays produit toutes sortes de volailles, telles que des poules, des oies, des canards, etc. On y trouve en abondance des vaches, des pourceaux, et les autres espèces d'animaux domestiques. Les chevaux y sont petits, mais vifs et robustes. On en tirerait de grands services, si les habitans ne voyageaient par eau plutôt que par terre.

On voit dans le pays des tigres et des cerfs, mais en petit nombre. Les singes y sont fort communs. Il s'y trouve aussi beaucoup d'éléphans; mais on ne les emploie bu'à la guerre.

Le pays a beaucoup de chats, mais peu disposés par la nature à prendre des souris. Ce sont les chiens qui exercent ici cette guerre, et qui n'ont presque point d'autre emploi.

Les oiseaux de terre ne sont pas en grande abondance au Tonquin; mais on y voit beaucoup d'oiseaux de mer.

La principale richesse du pays, et la seule même qui serve au commerce étranger, est la soie écrue et travaillée. Les Portugais et les Castillans enlevaient autrefois toute la soie écrue. Aujourd'hui elle passe entre les mains des Hollandais et des Chinois, qui en portent beaucoup au Japon. La plus grande partie de la soie travaillée, c'est-à-dire en fil, est achetée par les Anglais et les Hollandais.

Les Tonquinois n'ont pas d'autre or que celui qui leur vient de la Chine. Leur argent vient des Anglais, des Hollandais et des Chinois, qui font le commerce du Japon. Ils ont des mines de fer et de plomb qui leur en fournissent autant qu'ils en ont besoin pour leur usage.

Le commerce domestique consiste dans le riz, le poisson salé et d'autres alimens, et dans la soie écrue et travaillée, qu'ils réservent pour leurs habits et leurs meubles. Ils font quelque trafic avec les Chinois, mais sans en tirer beaucoup de profit, parce qu'ils sont obligés de faire des présens considérables aux mandarins qui commandent sur les frontières. Les Chinois mêmes ne sont pas exempts de ces concussions; c'est une maxime politique dans toutes ces cours de ne pas souffrir que les sujets deviennent trop riches, de peur que l'ambition et l'orgueil ne leur fassent perdre le goût de la soumission ; et les souverains ferment l'œil, par cette raison, sur les injustices de leurs officiers.

En un mot, le commerce est si peu florissant dans le royaume du Tonquin, que si les habitans achètent quelque chose des étrangers, c'est toujours en leur demandant trois ou quatre mois de crédit ; et par conséquent avec quelque risque pour l'étranger de perdre sa marchandise, ou d'avoir beaucoup de peine à se faire payer. Baron reconnaît, au désavantage de sa nation, qu'il n'y a point un seul marchand tonquinois qui ait le pouvoir ou le courage d'employer tout d'un coup deux mille écus en marchandises. Cependant il ajoute qu'on ne saurait leur reprocher d'être aussi trompeurs que les Chinois; ce qui vient peut-être, dit-il avec la même sincérité, de ce qu'ils ont moins d'esprit et de finesse.

Une autre raison qui s'oppose au commerce du Tonquin, c'est que la plus grande partie de l'argent qui entre dans le pays passe à la Chine pour y être échangé contre de la monnaie de cuivre, qui monte et qui baisse au gré de la cour. D'ailleurs la marque de cette monnaie s'altérant bientôt, elle cesse alors d'être courante, ce qui cause une perte considérable aux marchands, et d'autant plus de préjudice au bien public, que le pays n'a pas de monnaie de cuivre au coin du prince dans laquelle on puisse convertir l'autre à mesure qu'elle s'altère. Baron gémit d'une si mauvaise politique. « C'est, dit-il, une extrême pitié que tant de choses qui pourraient enrichir le royaume et rendre son commerce si florissant aient toujours été négligées. » Si l'on considère qu'il est bordé par deux des plus riches provinces de la Chine, on jugera qu'il serait facile d'y faire passer une partie des productions de ce vaste empire. Il ne serait pas moins aisé d'y attirer les marchandises de l'Europe et des Indes; et la liberté qu'on pourrait accorder aux étrangers de porter leur commerce dans l'intérieur du pays tournerait également à l'avantage du roi et des habitans; mais la crainte de quelque invasion, qui n'est guère à redouter, éloigne la cour de toutes les communications qui pourraient faire pénétrer sur ses fron-tières.

CHAPITRE III.

Voyage du père Tachard à Siam.

ᴇ plusieurs relations du même voyage, qui doivent trouver place ici successivement, celle du père Tachard est en possession du premier rang dans l'estime du public, par les savantes observations dont elle est remplie, comme celle de l'abbé Choisy s'est fait estimer par son agrément. En général, on a peu de voyages aussi curieux, et peut-être n'en a-t-on pas de plus exacts que ceux qui se firent à Siam en 1685; et la raison en paraîtra sensible, si l'on considère que leurs différens auteurs, écrivant dans le même temps et sur les mêmes sujets, se sont servis entre eux de censeurs et de guides.

Depuis l'établissement d'une Académie des sciences à Paris, cette illustre compagnie n'avait rien imaginé de plus convenable aux vues de sa fondation que d'employer, sous la protection du roi, plusieurs de ses membres à faire des observations dans les pays étrangers, pour se mettre en état de corriger les cartes géographiques, de faciliter la navigation et de perfectionner l'astronomie. Elle avait envoyé les uns en Danemarck, d'autres en Angleterre, d'autres jusqu'en Afrique et aux îles de l'Amérique ; tandis que ceux qui demeuraient à l'Observatoire de Paris travaillaient de concert avec eux par des correspondances établies. On cher-

chait l'occasion d'en faire passer quelques
uns aux Indes orientales, et l'arrivée d'un
missionnaire jésuite qui revenait de la Chine
fit naître les mêmes idées pour ce grand
empire. Un heureux incident en avança
beaucoup l'exécution. A la fin de l'année
1682, on vit arriver en France deux mandarins siamois, avec un prêtre des missions
étrangères, nommé *Levacher*. Ils venaient
de la part des ministres du roi de Siam, pour
apprendre des nouvelles d'un ambassadeur
que le roi leur maître avait envoyé à la
cour de France, avec des présens magnifiques, sur un vaisseau de la compagnie des
Indes, qu'on croyait perdu par le naufrage.
Ces avances d'amitié de la part d'un prince
indien excitèrent Louis xiv à profiter d'une
si favorable ouverture pour les progrès des
sciences et pour la propagation du christianisme. M. de Louvois demanda aux jésuites, par ses ordres, six mathématiciens
de leur compagnie, qui furent reçus, par
un privilége particulier, dans celle des sciences. On leur fournit des mémoires touchant
les remarques qu'ils devaient faire aux In-

des, des cartes marines de la bibliothèque du Roi, qui avaient servi à d'autres voyages, et toutes sortes d'instrumens de mathématiques. Leurs pensions furent réglées, et leurs patentes expédiées pour la qualité de mathématiciens du roi dans les Indes. Ils devaient partir avec le chevalier de Chaumont, nommé par le roi à l'ambassade de Siam.

Ils se rendirent à Brest, où devait se faire l'embarquement. Ces six mathématiciens jésuites étaient le père de Fontenay, revêtu de la qualité de supérieur; les pères Gerbillon, Le Comte, Bouvet, Visdelou, et Tachard, auteur de cette relation. Entre les personnes distinguées qui devaient composer le cortége de l'ambassadeur, on comptait l'abbé de Choisy, fort connu par sa naissance et son mérite, qui devait demeurer en qualité d'ambassadeur ordinaire auprès du roi de Siam, du moins jusqu'à son baptême, si ce prince remplissait l'espérance qu'on avait de sa conversion, espérance qui ne fut point remplie. Ils partirent sur *l'Oiseau*, vaisseau du roi, de quarante pièces de canon, accompagné de *la Maligne*, frégate de trente canons.

A mesure qu'on approchait de la ligne, les mathématiciens jésuites prenaient plaisir à remarquer combien les étoiles du pôle arctique s'abaissaient, et combien celles du pôle antarctique s'élevaient au-dessus de leurs têtes. De toutes les nouvelles étoiles qu'ils découvrirent du côté du sud, celles qui les frappèrent d'abord le plus furent les étoiles de la croisade, ainsi nommées, parce que les quatre principales sont disposées en forme de croix. La plus grande est à 27 degrés du pôle; c'est sur elle que les pilotes se règlent, et prennent quelquefois la hauteur.

Tachard s'applaudit de n'avoir pas éprouvé au passage de la ligne toutes les incommodités dont il avait été menacé par d'autres voyageurs; faveur du ciel d'autant plus singulière, qu'un navire hollandais, parti d'Europe deux mois avant les deux vaisseaux français, essuya les plus affreuses disgraces dans les mêmes climats, et perdit les trois quarts de son équipage. Il ne mourut qu'un homme sur *l'Oiseau* et sur *la Maligne*, dans toute la traversée de Brest au cap de Bonne-Espérance ; et les chaleurs de la zone torride ne parurent guère plus grandes à Tachard que celles de France au fort de l'été.

Les jésuites observèrent plusieurs phénomènes qui, sans être particuliers à leur navigation, méritent d'être présentés.

Le 12 de mars ils découvrirent, au milieu du jour, un de ces jeux de la nature que leur figure a fait nommer *œil de bœuf* ou *œil de bouc :* on les regarde ordinairement comme un présage assuré de quelque orage. C'est un gros nuage rond, opposé au soleil, et sur lequel se peignent les mêmes couleurs que celles de l'arc-en-ciel, mais fort vives. Peut-être n'ont-elles ce grand éclat que parce que l'œil de bœuf est environné de nuées épaisses et obscures ; mais Tachard accuse de fausseté tous les pronostics qu'on en tire. Il en vit deux, après lesquels le temps fut beau et serein pendant plusieurs jours.

Il peint soigneusement cette autre espèce

de phénomène que les marins appellent *trombes*, *pompes* ou *dragons d'eau*, et qu'il eut occasion d'observer entre la ligne et le tropique du capricorne. Ce sont comme de longs tubes ou de longs cylindres formés de vapeurs épaisses, qui touchent les nues d'une de leurs extrémités, et de l'autre la mer, qui paraît bouillonner à l'entour. On voit d'abord un gros nuage noir, dont il se sépare une partie; et comme c'est un vent impétueux qui pousse cette portion détachée, elle change insensiblement de figure, et prend celle d'une longue colonne, qui descend jusque sur la surface de la mer, demeurant d'autant plus en l'air que la violence du vent l'y retient, ou que les parties inférieures soutiennent celles qui sont dessus : aussi, lorsqu'on vient à couper ce long tube d'eau par les vergues et les mâts du vaisseau, qu'on ne peut quelquefois empêcher d'entrer dedans, ou à interrompre le mouvement du vent en raréfiant l'air voisin par des décharges redoublées d'artillerie, l'eau, n'étant plus soutenue, tombe en très-grande abondance, et tout le *dragon* se dissipe aussitôt. Cette rencontre est fort dangereuse, non-seulement à cause de l'eau qui tombe dans le navire, mais encore par la violence subite et par la pesanteur extraordinaire du tourbillon qui l'emporte, et qui est capable de démâter ou de faire tomber les plus grands vaisseaux. Quoique de loin ces *dragons d'eau* ne paraissent pas avoir plus de six ou sept pieds de diamètre, ils ont beaucoup plus d'étendue. Tachard en vit deux ou trois à la portée du pistolet, auxquels il trouva plus de cent pieds de circonférence.

Il remarqua d'autres phénomènes, qu'on nomme *siphons*, à cause de leur figure longue, assez semblable à celles de certaines pompes. On les voit paraître au lever du soleil, vers l'endroit où cet astre est alors ; ce sont des nuages longs et épais, environnés d'autres nuages clairs et transparens : ils ne tombent point ; ils se confondent enfin tous ensemble, et se dissipent par degrés ; au lieu que les *dragons* sont poussés avec impétuosité, durent long-temps, et sont toujours accompagnés de pluie et de tourbillons qui font bouillonner la mer et la couvrent d'écume.

Les iris de lune ont dans ces lieux des couleurs bien plus vives qu'en France ; mais le soleil en forme de merveilleuses sur les gouttes d'eau de mer que le vent emporte comme une pluie fort menue, ou comme une fine poussière, lorsque deux vagues se brisent en se choquant. Si l'on regarde ces iris d'un lieu élevé, elles paraissent renversées ; il arrive quelquefois qu'un nuage passant par dessus, et venant se résoudre en pluie, il se forme une seconde iris dont les jambes paraissent continuées avec celles de l'iris renversée, et composent ainsi un cercle d'iris presque entier.

La mer a ses phénomènes aussi bien que l'air ; il y paraît souvent des feux, surtout entre les tropiques, sans parler du spectacle commun de ces petites langues de feu qui s'attachent aux mâts et aux vergues à la fin des tempêtes, et que les Portugais nomment feu *Saint-Elme*. Les mathématiciens virent plusieurs fois pendant la nuit la mer toute couverte d'étincelles lorsqu'elle

était un peu grosse et que les vagues se bri-
saient. On remarquait aussi une grande
lueur à l'arrière du navire, particulièrement
lorsque le vaisseau allait vite : sa trace paraissait un fleuve de lumière; et si l'on je-
tait quelque chose dans la mer, l'eau devenait toute brillante. Tachard trouve la
cause de cette lueur dans la nature même
de l'eau de mer, qui, étant remplie de cette
matière dont les chimistes font la principale
partie de leurs phosphores, toujours prête
à s'enflammer lorsqu'elle est agitée, doit
aussi, par la même raison, devenir brillante et lumineuse. Il faut si peu de mouvement à l'eau marine pour en faire sortir
du feu, qu'en touchant une ligne qu'on y a
trempée, il en sort une infinité d'étincelles
semblables à la lueur des vers luisans, c'est-
à-dire vives et bleuâtres.

Ce n'est pas seulement dans l'agitation de
la mer qu'on y voit des brillans; le calme
même les offre vers la ligne, après le coucher du soleil : on les prendrait pour une
infinité de petits éclairs assez faibles qui
sortent de l'eau, et qui disparaissent aussi-

tôt. Les six mathématiciens n'en purent attribuer la cause qu'à la chaleur du soleil qui a rempli et comme imprégné la mer, pendant le jour, d'une infinité d'esprits ignés et lumineux.

Outre ces brillans passagers ils en virent d'autres pendant les calmes qui paraissent moins faciles à expliquer : on peut les nommer *permanens*, parce qu'ils ne se dissipent pas comme les premiers. On en distingue de différentes grandeurs et de diverses figures, de ronds, d'ovales, de plus d'un pied et demi de diamètre, qui passaient le long du navire, et qu'on pouvait conduire de vue à plus de deux cents pas. Quelques uns les prirent simplement pour quelque substance onctueuse qui se forme dans la mer par quelque cause inconnue; d'autres pour des poissons endormis qui brillent naturellement. On crut même y reconnaître deux fois la figure du brochet.

Les diverses espèces d'herbes et d'oiseaux qui commencèrent à se faire voir au 33ᵉ degré de latitude australe, et au 19ᵉ degré de longitude, suivant l'estime des pilotes, annoncèrent aux matelots le cap de Bonne-Espérance, à la vue duquel ils arrivèrent le 3 de mai. Ils y mouillèrent le lendemain à cent cinquante pas du fort.

Les mathématiciens jésuites obtinrent de Vanderstel, gouverneur du Cap, la liberté de faire porter leurs instrumens à terre, et toutes les facilités qu'ils pouvaient espérer d'un homme civil, pour faire quelques observations dont les Hollandais devaient partager l'utilité : leurs pilotes ne connaissaient encore la longitude du Cap que par leur estime : moyen douteux, et qui les trompait souvent. Tachard, choisi pour expliquer le service que les jésuites étaient capables de leur rendre, apprit au gouverneur que, par le moyen des instrumens qu'ils avaient apportés, et des nouvelles tables de Cassini, sans avoir besoin des éclipses de lune et de soleil, ils pouvaient observer par les satellites de Jupiter et fixer la longitude du Cap. Vanderstel, sensible à cette offre, non-seulement les combla de politesses, mais fit préparer pour leur logement un pavillon dans le célèbre jardin de la compagnie.

Ils furent surpris de trouver un des plus beaux jardins et des plus curieux qu'ils eussent jamais vus. « Sa situation est entre le bourg et la montagne de la Table, à côté du fort, dont il n'est éloigné que de deux cents pas. Il a quatorze cent onze pas communs de longueur, et deux cent trente-cinq de largeur. Sa beauté ne consiste pas, comme en France, dans des compartimens et des parterres de fleurs, ni dans des eaux jaillissantes. Il pourrait y en avoir, si la compagnie de Hollande voulait en faire la dépense, car il est arrosé par un ruisseau d'eau vive qui descend de la montagne; mais on y voit des allées, à perte de vue, de citronniers, de grenadiers, d'orangers plantés en plein sol, à couvert du vent par de hautes et épaisses palissades d'une espèce de laurier toujours vert et semblable au filaria, qui se nomme *spek*. Il est partagé, par la disposition des allées, en plusieurs carrés médiocres, dont les uns sont pleins d'arbres fruitiers, les autres de racines, de légumes, d'herbes et de fleurs. C'est comme un magasin de toutes sortes de rafraîchissemens pour les vaisseaux de la compagnie qui vont aux Indes, et qui ne manquent jamais de relâcher au cap de Bonne-Espérance. A l'entrée du jardin, on a bâti un grand corps de logis où demeurent les esclaves de la compagnie, au nombre de cinq cents, dont une partie est employée à cultiver le jardin, et le reste à d'autres travaux. »

Vers le milieu de la muraille, du côté qui regarde la forteresse, est un petit pavillon qui n'est point habité. L'étage d'en bas contient un vestibule percé du côté du jardin et du fort, accompagné de deux salons de chaque côté. Le dessus est un grand cabinet ouvert de toutes parts, entre deux terrasses pavées de briques et entourées de balustrades, dont l'une regarde le septentrion et l'autre le midi. Ce pavillon convenait parfaitement au dessein des mathématiciens : on y découvrait tout le nord, dont la vue leur était surtout nécessaire, parce que c'est le midi pour le pays du Cap. Vanderstel leur abandonna la disposition d'un lieu si agréable et si commode, qui a porté depuis, parmi les Hollandais, le nom d'*Observatoire*.

On remit à la voile le 7 juin. La navigation fut dangereuse et pénible jusqu'au 5 août, qu'on découvrit une grande terre que l'on reconnut pour l'île de Java, dont on se croyait fort éloigné.

L'ambassadeur français s'était flatté de se procurer des rafraîchissemens dans la rade de Bantam ; mais les Hollandais, à demi maîtres de cette ville depuis qu'ils avaient prêté leurs forces au jeune roi pour faire la guerre à son père, furent alarmés de voir paraître le pavillon de France, et craignirent pour leur établissement, qu'ils travaillaient alors à affermir. Le gouverneur du fort refusa aux Français la liberté de descendre ; et pour adoucir néanmoins un refus dont il n'osait expliquer les raisons, il le pria civilement de se rendre à Batavia, où les deux vaisseaux recevraient tous les secours qu'ils pouvaient attendre de sa nation. Ils mouillèrent le 18 août dans la rade de Batavia, au milieu de dix-sept ou dix-huit gros vaisseaux de la compagnie hollandaise.

Le lundi 26 août, les deux vaisseaux français sortirent de la rade de Batavia avec un vent favorable : ils eurent le même jour un sujet d'alarme extraordinaire. Entre huit et neuf heures du soir, la nuit étant assez obscure, ils aperçurent tout d'un coup, à deux portées de mousquet, un gros navire qui venait sur eux vent arrière. Les gens du principal vaisseau crièrent en vain ; ils ne reçurent point de réponse. Cependant, comme le vent était assez fort, ce navire fut bientôt sur eux. Sa manœuvre leur fit juger d'abord qu'il venait les prendre en flanc ; et voyant ses deux basses voiles carguées comme dans le dessein de combattre, ils ne doutèrent point qu'en les abordant il ne leur tirât toute sa bordée. Cette surprise les troubla un peu. Tout le monde se rendit sur le pont. L'ambassadeur voyant ce navire attaché au sien par son mât de beaupré, qui avançait sur le château de poupe, tandis qu'aucun ennemi ne paraissait, jugea qu'on n'avait pas dessein de l'attaquer. Il se contenta de faire tirer quelques coups de mousquet, pour apprendre à des inconnus, dont il admirait l'imprudence, à se tenir plus soigneusement sur leurs gardes. Leur navire endommagea le couronnement du vaisseau français, et se détacha de lui-même sans qu'il parût un seul de leurs matelots. Après quantité de raisonnemens sur cette étrange aventure, elle fut attribuée à quelque méchante manœuvre. Mais, en arrivant à Siam, on apprit d'un navire hollandais, parti de Batavia depuis le départ des deux vaisseaux français, que c'était un vaisseau d'Amsterdam qui venait de Palimban, et dans lequel tout le monde était ivre ou endormi.

Le 5 septembre ils commencèrent à découvrir les terres de l'Asie, vers la pointe de Malacca. Les jésuites, qui étaient au nombre de sept, parce qu'ils avaient amené le P. Fuciti de Batavia, « sentirent une joie secrète de voir ces lieux arrosés des sueurs de saint François-Xavier, et de se trouver dans ces mers si fameuses par ses navigations et par ses miracles. » On rangea bien-

tôt les côtes de Djohor, de Patane et de
Pahan, dont les rois sont tributaires de
Siam, et laissent aux Hollandais tout le
commerce de leurs états.

Enfin, le 22 septembre, on aperçut l'embouchure de la rivière de Siam, et le lendemain on alla mouiller à trois lieues de la
barre qui est à l'entrée. Aussitôt l'ambassadeur dépêcha le chevalier de Forbin, et
M. Levacher, missionnaire déjà connu dans
le pays, pour porter la nouvelle de son arrivée au roi de Siam et à ses ministres. Le
premier ne devait pas passer Bancok, qui est
la première place du royaume, sur le bord
de la rivière, à dix lieues de l'embouchure;
et l'autre devait prendre un ballon, qui est
une sorte de bateau fort léger, pour se
rendre promptement à la capitale. Le gouverneur de Bancok, turc de nation, apprenant que l'ambassadeur de France était à
la rade, se hâta de faire partir un exprès
pour la cour. Mais on y avait déjà reçu
cet avis de la côte de Coromandel, par
une lettre adressée au seigneur Constance, alors ministre d'état. Tachard éclaircit

l'origine et la fortune de ce célèbre aventurier.

Il se nommait proprement *Constantin Phaulkon*, et c'est ainsi qu'il signait. Il était Grec de nation, né à Céphalonie, d'un noble vénitien, fils du gouverneur de cette île, et d'une fille des plus anciennes familles du pays. La mauvaise conduite de ses parens ayant dérangé leur fortune, il sentit, dès l'âge de douze ans, qu'il n'avait rien d'heureux à se promettre que de son industrie. Il s'embarqua sur un vaisseau anglais qui retournait en Angleterre. Son esprit et l'agrément de ses manières lui firent obtenir quelque faveur à Londres; mais ne la voyant pas répondre à ses espérances, il s'engagea au service de la compagnie d'Angleterre pour passer aux Indes. Après avoir été employé à Siam pendant quelques années, il résolut, avec le peu de bien qu'il avait acquis, de faire le commerce à ses propres frais. Il équipa un vaisseau, qui fut repoussé deux fois, par le mauvais temps, vers l'embouchure de la rivière de Siam, et qui périt enfin par le naufrage sur la côte de Malabar. Constance, n'ayant sauvé que son argent, qui consistait en deux mille écus, seul reste de sa fortune, se coucha sur le rivage, accablé de tristesse, de fatigue et de sommeil. « Alors, soit qu'il fût endormi ou qu'il eût les yeux ouverts (car il a protesté plus d'une fois au père Tachard qu'il l'ignorait lui-même), il crut voir une personne pleine de majesté, qui, le regardant d'un œil favorable, lui dit avec beaucoup de douceur : *Retourne, retourne sur tes pas.* » Ce songe releva son courage. Le lendemain, lorsqu'il se promenait sur le bord de la mer, occupé des moyens de retourner à Siam, il vit paraître un homme dont les habits étaient fort mouillés, et qui s'avança vers lui d'un air triste et abattu : c'était un ambassadeur du roi de Siam, qui, revenant de Perse, avait fait naufrage dans la même tempête, et qui n'avait sauvé que sa vie. La langue siamoise, qu'ils parlaient tous deux, leur servit à se communiquer leurs aventures. Dans l'extrême nécessité où l'ambassadeur était réduit, Constance lui offrit de le reconduire à Siam; il acheta de ses deux mille écus une barque et des vivres. Ce secours, rendu avec autant de diligence que de générosité, charma l'ambassadeur, et ne lui permit plus de s'occuper que de sa reconnaissance.

En arrivant à Siam, il ne put raconter son naufrage au *barcalon*, qui est le premier ministre du royaume, sans relever le mérite de son bienfaiteur. La curiosité de voir Constance produisit un entretien qui fit goûter son esprit au barcalon, et la confiance succéda bientôt à l'estime. Ce ministre était fort éclairé, mais ennemi du travail; il fut ravi d'avoir trouvé un homme habile et fidèle, sur lequel il pût se reposer de ses fonctions; il en parla même au roi, qui prit par degrés les mêmes sentimens pour Constance : d'heureux événemens servirent à les augmenter. Enfin, le barcalon étant mort, ce monarque résolut de lui donner Constance pour successeur. Il s'en excusa sans autre raison que la crainte de s'attirer l'envie des grands; mais il offrit de continuer ses services avec le même zèle, et cette modestie donna un nouveau lustre à son mérite. Tachard en réunit tous les traits dans un court éloge ; il lui attribue « de la facilité pour les affaires, de la diligence pour les expédier, de la fidélité dans le maniement des finances, et un désintéressement qui lui faisait refuser jusqu'aux appointemens de sa charge. Tout lui passait par les mains : cependant sa faveur ne l'avait pas changé ; il était d'un accès facile pour tout le monde, doux, affable, toujours prêt à écouter les pauvres et à leur faire justice, mais sévère pour les grands et pour les officiers qui négligeaient leur devoir. » Il avait embrassé la religion protestante en Angleterre ; ensuite quelques conférences qu'il eut à Siam avec deux missionnaires jésuites le ramenèrent aux principes de l'Eglise romaine, dans lesquels il était né.

Si les Français obtinrent à Siam un accueil aussi favorable qu'ils auraient pu l'espérer chez leurs plus fidèles alliés, il paraît qu'ils en furent redevables à l'estime du seigneur Constance pour leur nation, soit qu'elle vînt de la haute opinion qu'il avait de la France, ou de son goût particulier pour les sciences. Les ordres furent donnés pour recevoir l'ambassadeur avec une distinction extraordinaire ; il fut complimenté par les principaux seigneurs du royaume. Constance alla marquer lui-même, dans la ville de Siam, la maison où l'ambassadeur devait être reçu, et fit bâtir dans le voisinage divers appartemens pour loger les gentilshommes de sa suite. On éleva de cinq en cinq lieues, sur le bord de la rivière, des maisons fort propres et magnifiquement meublées, jusqu'à la Tabanque, qui est à une heure de chemin de la ville de Siam, pour servir à son délassement dans la route. Les ballons de l'état furent préparés avec beaucoup de diligence, et la dépense fut aussi peu épargnée que le travail pour donner tout l'éclat possible à la fête.

Les grands mandarins, qui furent chargés du premier compliment, étant entrés dans le vaisseau de l'ambassadeur, le plus ancien, après l'avoir félicité de son heureuse arrivée, ajouta, suivant les idées de la métempsycose, dont la plupart des Orientaux sont fort entêtés, « qu'il savait « bien que son excellence avait autrefois « été employée à de grandes affaires, et « qu'il y avait plus de mille ans qu'elle était « venue de France à Siam pour renouveler « l'amitié des rois qui gouvernaient alors « ces deux royaumes. » L'ambassadeur ayant répondu au compliment, ajouta « qu'il ne se souvenait pas d'avoir jamais été chargé d'une si importante négociation, et que c'était le premier voyage qu'il croyait avoir fait à Siam. » En rentrant dans la galère qui les avait apportés à bord, les mandarins écrivirent tout ce qu'ils avaient vu et tout ce qu'on leur avait dit sur le vaisseau français.

Tachard ayant reçu ordre de prendre les devans avec deux de ses compagnons, se mit avec eux dans une chaloupe, qui arriva le soir à l'entrée de la rivière. Sa largeur en cet endroit n'est que d'une petite lieue. Une demi-lieue plus loin, elle se rétrécit de plus de deux tiers, et de là sa plus grande largeur n'est que d'environ cent soixante pas. Mais son canal est fort beau, et ne manque pas de profondeur. La barre est un banc de vase qui se trouve à l'embouchure, où les plus hautes marées ne donnent pas plus de douze ou treize pieds d'eau. Tachard parle avec admiration de la vue de cette rivière. « Le rivage, dit-il, est couvert des deux côtés de grands arbres toujours verts. Au-delà ce ne sont que de vastes prairies à perte de vue et couvertes de riz. Comme les terres que la rivière arrose, jusqu'à une journée au-dessus de Siam, sont extrêmement basses, la plupart sont inondées pendant la moitié de l'année; et ce débordement régulier est causé par les pluies, qui ne manquent jamais de durer plusieurs mois. C'est à ces inondations que le royaume de Siam est redevable d'une si grande abondance de riz, qu'outre la nourriture de ses habitans, il en fournit à tous les états voisins. Elles donnent aussi la commodité de pouvoir aller en *ballon* jusqu'au milieu des champs; ce qui répand de toutes parts une prodigieuse quantité de ces petits bâtimens. On en voit de grands

qui sont couverts comme des maisons. Ils
servent de logement à des familles entières,
et, se joignant plusieurs ensemble, ils
forment en divers endroits comme des villages flottans. »

La nuit, qui surprit les trois jésuites, ne
les empêcha point de continuer leur voyage.
Ils eurent l'agréable spectacle d'une multitude innombrable de mouches luisantes,
dont tous les arbres qui bordent la rivière
étaient couverts ; on les aurait pris pour
autant de grands lustres chargés d'une infinité de lumières, que la réflexion de l'eau,
unie alors comme une glace, multipliait à
l'infini. Mais, tandis qu'ils étaient occupés
de cette vue, ils se trouvèrent tout d'un
coup enveloppés d'une prodigieuse quantité de mousquites ou de maringouins, dont
l'aiguillon est si perçant, qu'il pénètre au
travers des habits. Au point du jour, ils
découvrirent un grand nombre de singes et
de sapajous qui grimpaient sur les arbres,
et qui allaient par bandes. Mais rien ne leur
parut plus agréable que les aigrettes dont
les arbres sont couverts ; il semble de loin

qu'elles en soient les fleurs. Le mélange du blanc des aigrettes et du vert des feuilles fait le plus bel effet du monde. L'aigrette de Siam, assez semblable à celle de l'Afrique, est un oiseau de la figure du héron, mais beaucoup plus petit; sa taille est fine, son plumage beau et plus blanc que la neige; il a des aigrettes sur le dos et sous le ventre, qui font sa principale beauté, et dont il tire son nom. Tous les oiseaux champêtres sont d'un plumage admirable : les uns jaunes, d'autres rouges, bleus, verts, et la quantité en est surprenante. Les Siamois, qui croient à la transmigration des ames, ne tuent point d'animaux, dans la crainte, disent-ils, d'en chasser les ames de leurs parens qui peuvent s'y être logées.

On ne fait pas une lieue sans rencontrer quelque pagode accompagnée d'un petit monastère de *talapoins,* qui sont les prêtres et les religieux du pays. Ils vivent en communauté, et leurs maisons sont autant de séminaires où les enfans de qualité reçoivent l'éducation. Pendant que ces enfans demeurent sous la discipline des talapoins, ils

portent leur habit, qui consiste en deux pièces de toile de coton jaune, dont l'une sert à
les couvrir depuis la tête jusqu'aux genoux ;
de l'autre ils se font une écharpe qu'ils passent en bandoulière, ou dont ils s'envelop-
pent comme d'un petit manteau. On leur
rase la tête et les sourcils, comme à leurs
maîtres, qui croiraient offenser le ciel et
blesser la modestie s'ils les laissaient croître.

Après avoir ramé toute la nuit, les trois
jésuites arrivèrent sur les dix heures du matin à Bancok. C'est la plus importante place
du royaume, parce qu'elle défend le passage de la rivière par un fort qui est sur l'autre rive. L'un et l'autre côté étaient bien
pourvus d'artillerie, mais peu fortifiés.
M. de La Marre, ingénieur français, qui
fut laissé à Siam, reçut ordre du roi de les
fortifier régulièrement.

Depuis Bancok jusqu'à Siam, on rencontre quantité d'aldées ou de villages dont
la rivière est bordée. Ce n'est qu'un amas
de cabanes élevées sur de hauts piliers pour
les garantir de l'inondation : elles sont composées de bambous, arbre dont le bois est

d'un grand usage dans toutes les Indes. Le tronc et les grosses branches servent à former les piliers et les solives, et les petites branches à former le toit et les murailles. On voit près de chaque village un bazar ou un marché flottant, dans lequel ceux qui descendent ou qui montent la rivière trouvent toujours leur repas prêt, c'est-à-dire du fruit, du riz cuit, de l'arak, et divers ragoûts à la siamoise, dont les Européens ne peuvent goûter.

Le lendemain, troisième jour d'octobre, Tachard entra dans Siam, sept mois après son départ de Brest. Il se fit conduire d'abord à la maison du père Suarez, le seul jésuite qui fût alors dans cette ville, et de là au comptoir français, où il fut bien reçu par les officiers de la compagnie. Ensuite, rendu au palais que le roi faisait préparer pour l'ambassadeur, il trouva le seigneur Constance, premier ou plutôt unique ministre du royaume, dont le mérite, quoique universellement reconnu, lui parut, dit-il, au-dessus de sa réputation.

Ce palais était une des plus belles maisons de la ville, que le ministre avait fait meubler magnifiquement. Il prit plaisir à faire voir les appartemens au père Tachard. Entre ceux du premier étage, il y avait deux salles de plein pied, tapissées de toile peinte très-belle et très-fine. La première était garnie de chaises de velours bleu, et l'autre de velours rouge à franges d'or. La chambre de M. l'ambassadeur était entourée d'un paravent du Japon, d'une beauté singulière; mais rien n'avait tant d'éclat que la salle du divan. C'était une grande pièce lambrissée, séparée des autres appartemens par une grande cour, et bâtie pour prendre le frais pendant l'été. L'entrée était ornée d'un jet d'eau, le dedans offrait une estrade avec un dais et un fauteuil très-riche. Dans les enfoncemens, on découvrait les portes de deux cabinets qui donnaient sur la rivière, et qui servaient à se baigner. De toute part on voyait des porcelaines de toutes sortes de grandeurs, agréablement rangées dans des niches. On entre dans ces détails, parce qu'il peut paraître étonnant de trouver à l'extrémité du monde les inventions utiles et commodes du luxe européen.

Le P. Suarez, jésuite portugais, âgé de soixante-dix ans, dont il avait passé plus de trente dans les Indes, n'était point en état de loger ses confrères, parce que son logement n'était composé que d'une chambre et d'un cabinet, tous deux si pauvres et si mal fermés, que les toquets, espèce de lézards fort venimeux, y étaient partout derrière ses coffres et parmi ses meubles. Le seigneur Constance faisait bâtir aussi pour les sept jésuites étrangers sept petites chambres, et une galerie pour leurs instrumens. Près de cent ouvriers y étaient occupés, avec deux mandarins qui les pressaient nuit et jour.

Pendant qu'on poussait ces préparatifs avec la dernière ardeur, le roi fit partir deux des principaux seigneurs de sa cour, avec dix mandarins, chacun dans un *ballon* d'état, pour aller prendre celui qui était destiné à l'ambassadeur, et le conduire à l'entrée de la rivière. Il était magnifique, entièrement doré, long de soixante-

douze pieds, mené par soixante-dix hommes de belle taille, avec des rames couvertes
de lames d'argent; la chirole, qui est une
espèce de petit dôme placé au centre, était
couverte d'écarlate et enrichie de brocart
d'or de la Chine, avec des rideaux de
même étoffe. Les balustres étaient d'ivoire,
les coussins de velours, et le fond était
couvert d'un tapis de Perse. Ce ballon était
accompagné de seize autres, dont quatre,
ornés aussi d'un tapis de pied et de couver-
ture d'écarlate, devaient servir aux gentilshommes de l'ambassade, et les douze autres au reste de l'équipage. Le gouverneur
de Bancok s'y joignit avec les principaux
mandarins du voisinage; de sorte que le
cortége était d'environ soixante-six ballons lorsqu'il se rendit à l'entrée de la rivière.

Aussitôt que les Français eurent fait leur
entrée dans Siam, le seigneur Constance,
qui demeurait auparavant dans le quartier
des Japonais, vint se loger dans une belle
maison qu'il avait près de l'hôtel de l'ambassadeur; et pendant tout le temps que les

Français furent à Siam, il tint table ouverte,
non-seulement pour eux, mais, en leur faveur, pour toutes les autres nations. Sa
maison était fort bien meublée. Au lieu de
tapisseries, dont les Siamois n'aiment pas
l'usage, il avait fait étendre autour du divan un grand paravent du Japon, d'une
hauteur et d'une beauté surprenante. Il
entretenait deux tables de douze couverts,
qui étaient servies avec autant d'abondance
que de délicatesse, et où l'on trouvait toutes
sortes de vins d'Espagne, du Rhin, de
France, de Céphalonie et de Perse. On y
était servi dans de grands bassins d'argent,
et le buffet était garni de très-beaux vases
d'or et d'argent du Japon fort bien tra-
vaillés.

A la cour de Siam, on ne donne jamais
que deux audiences aux ambassadeurs, celle
de l'arrivée, et celle du congé. Souvent
même on n'en accorde qu'une, et toutes
les affaires sont remises au barcalon, qui
doit en rendre compte au roi. Mais ce
prince, pour distinguer cette ambassade de
toutes les autres, fit dire à l'ambassadeur

que, chaque fois qu'il souhaiterait une au
dience, il était prêt à la lui donner. En effet, huit ou dix jours après l'audience d'entrée, il lui en donna une seconde, qui fut
suivie d'un grand festin. On avait dressé à
l'ombre des arbres, dans la première cour
du palais, sur le bord d'un canal, une
grande table de vingt-quatre couverts, avec
deux buffets garnis de très-beaux vases d'or
et d'argent du Japon, et plusieurs casso-
lettes où le précieux bois d'aigle n'était pas
épargné. On se mit à table après l'audience,
et l'on y fut près de quatre heures. On y
servit plus de cent cinquante bassins et une
infinité de ragoûts, sans parler des confitures, dont on fait ordinairement deux services. On y but de cinq ou six sortes de
vins. Tout y fut magnifique et délicat. Le
roi voulut que, pour honorer l'ambassadeur,
et rendre cette fête plus agréable, les Français fussent servis ce jour-là par les principaux seigneurs de son royaume.

Ce qu'on publiait de la pagode du palais
et des idoles dont elle est remplie, ayant
donné aux Français la curiosité de les voir,

on ne fit pas difficulté de leur accorder
cette satisfaction. Après avoir traversé huit
ou neuf cours, ils arrivèrent enfin à la pagode : elle est couverte de calin, qui est
une espèce de métal fort blanc, entre l'é-
tain et le plomb, avec trois toits l'un sur l'autre; la porte est ornée, d'un côté, de la figure
d'une vache, et de l'autre, d'un monstre extrêmement hideux. Cette pagode est assez longue, mais fort étroite : lorsqu'on y est entré,
on n'aperçoit que de l'or; les piliers, les murailles, le lambris et toutes les figures sont si
bien dorées, qu'il semble que tout soit couvert
de lames d'or. La forme générale de l'édifice est assez semblable à celle de nos églises; il est soutenu par de gros piliers : on y
trouve, en avançant, une espèce d'autel, sur
lequel il y a trois ou quatre figures d'or massif, à peu près de la hauteur d'un homme,
dont les unes sont debout et les autres assises, les jambes croisées à la siamoise. Au-
delà est une espèce de chœur où se garde
la plus riche et la plus précieuse pagode
du royaume; car on donne indifféremment
le nom de *pagodes* aux temples et aux

idoles. Cette statue est debout, et touche de sa tête jusqu'au toit; sa hauteur est de quarante-cinq pieds, et sa largeur de sept ou huit. Tachard assure qu'elle est toute d'or; mais on ne l'en croira pas : il ajoute, sur le témoignage des habitans, que ce prodigieux colosse a été fondu dans le même lieu où il est placé, et qu'ensuite on a construit le temple. Il a peine à s'imaginer où ces peuples, d'ailleurs assez pauvres, ont pu trouver tant d'or (1); et sa douleur est qu'une seule idole soit plus riche que tous les tabernacles de l'Europe. Aux côtés de la même figure, on en voit plusieurs autres, qui sont aussi d'or et enrichies de pierreries, mais moins grandes.

Cette pagode n'est pas néanmoins la mieux bâtie de Siam, quoiqu'elle soit la plus riche. Tachard en vit une autre dont il donne la description.

(1) Nous verrons dans la suite de cet article, dans les remarques tirées de la relation du chevalier de Forbin, que le père Tachard avait grande raison de s'étonner de cette richesse, mais qu'il avait eu grand tort d'y croire : la statue n'était point d'or; elle était de plâtre doré.

A cent pas du palais du roi, vers le midi, est un grand parc fermé de murailles, au milieu duquel s'élève un vaste et haut édifice, bâti en forme de croix, à la manière de nos églises, surmonté de cinq dômes solides et dorés, qui sont de pierre ou de brique, et d'une structure particulière. Le dôme du milieu est beaucoup plus grand que les autres; et ceux-ci sont aux extrémités sur les travers de la croix. Tout l'édifice est posé sur plusieurs bases ou piédestaux, qui s'élèvent les uns sur les autres, en s'étrécissant par le haut; de sorte qu'on y monte des quatre côtés par des escaliers raides et étroits, de trente-cinq à quarante marches, chacune de trois palmes, et couvertes de calin comme le toit. Le bas du grand escalier est orné des deux côtés de plus de vingt figures au-dessus de la hauteur naturelle, dont les unes sont d'airain, et les autres de calin, toutes dorées, mais représentant assez mal les personnages et les animaux dont elles sont l'image. Ce magnifique bâtiment est environné de quarante-quatre grandes pyramides de

formes différentes, bien travaillées, et rangées avec symétrie sur trois plans différens.
Les quatre plus grandes sont sur le plus bas
plan, aux quatre coins, posées sur de larges
bases : elles sont terminées en haut par un
long cône fort délié, très-bien doré, et surmonté d'une aiguille ou d'une flèche de fer
dans laquelle sont enfilées plusieurs petites
boules de cristal d'inégale grosseur. Le corps
de ces grandes pyramides, comme de toutes
les autres, est d'une espèce d'architecture
qui approche assez de la nôtre, mais trop
chargée de sculpture, moins simple, moins
proportionnée, et par conséquent moins
belle, du moins aux yeux qui n'y sont pas
accoutumés. Sur le second plan, qui est un
peu au-dessus du premier, s'élèvent trente-
six autres pyramides, un peu moins grandes
que les premières, rangées en carré sur
quatre lignes autour de la pagode, neuf de
chaque côté. Elles sont de deux figures différentes : les unes terminées en pointe
comme les premières; les autres arrondies
par le haut en campane, de la forme des
dômes qui couronnent l'édifice, tellement

mêlées, qu'il n'y en a pas deux de suite de la même forme. Au-dessus de celles-ci, dans le troisième plan, quatre autres, qui forment les quatre coins, sont terminées en pointe, plus petites à la vérité que les premières, mais plus grandes que les secondes. Tout l'édifice, avec les pyramides, est renfermé dans une espèce de cloître carré, dont chaque côté a plus de cent vingt pas communs de longueur, sur environ cent pieds de large et quinze de hauteur. Les galeries du cloître sont ouvertes du côté de la pagode ; le lambris est peint et doré à la moresque. Au dedans des galeries, le long de la muraille extérieure, qui est toute fermée, règne un long piédestal à hauteur d'appui, sur lequel sont posées plus de quatre cents statues d'une très-belle dorure, et disposées en très-bel ordre. Quoiqu'elles ne soient que de brique dorée, elles paraissent assez bien faites ; mais elles sont si semblables, que, si leur grandeur n'était pas inégale, on les croirait toutes sorties du même moule. Parmi ces figures, Tachard en compta douze de taille gigantesque, une au milieu de chaque galerie, et deux à chaque angle, assises, à cause de leur hauteur, sur des bases plates, et les jambes croisées. Il eut la curiosité de mesurer une de leurs jambes, à laquelle il trouva la longueur entière d'une toise, depuis le bout du pied jusqu'au genou, le pouce de la grosseur ordinaire du bras, et le reste du corps à proportion. Outre celles-ci, qui sont de la première grandeur, il en vit environ cent autres à demi gigantesques, qui ont quatre pieds depuis l'extrémité du pied jusqu'au genou. Enfin, parmi les premières et les secondes, il en compta plus de trois cents, dont il n'y en a guère qui soient au-dessous de la grandeur naturelle, et toutes dressées sur pied. Il ne parle point d'un grand nombre qui ne sont pas plus grandes que des poupées, et qui sont mêlées entre les autres.

La France, au jugement de Tachard, n'a pas d'édifice où la symétrie soit mieux observée que dans cette pagode, soit pour le corps, soit pour les accompagnemens de l'édifice. Son cloître est flanqué, des deux côtés, en dehors, de seize grandes pyramides arrondies par le haut en forme de dôme, de plus de quarante pieds de hauteur et de plus de douze en carré, disposées sur une même ligne, comme une suite de grosses colonnes, dans le milieu desquelles sont de grandes niches garnies de pagodes dorées. Ce beau spectacle arrêta si long-temps Tachard et tous les Français, qu'ils n'eurent pas le temps de considérer plusieurs autres temples qui étaient proches du premier, ou dans l'enceinte des mêmes murs. On juge à Siam de la noblesse des familles par le nombre de toits dont les maisons sont couvertes. Celle-ci en a cinq les uns sur les autres, et l'appartement du roi en a sept.

Outre le festin du roi et ceux de son ministre, il s'en faisait d'autres à l'occasion des événemens extraordinaires, où les chefs de toutes les nations de l'Europe établies à Siam, c'est-à-dire les Français, les Anglais, les Portugais et les Hollandais, étaient invités. Tachard et ses confrères étaient quelquefois obligés d'y assister. A l'une de ces réjouissances succédèrent plusieurs sortes de divertissemens. Le premier fut une comédie chinoise divisée par actes. Différentes postures hardies et grotesques, et quelques sauts assez surprenans, y servirent d'intermèdes. Tandis que les Chinois jouaient la comédie d'un côté, les Laos, qui sont des peuples voisins du royaume de Siam au nord, donnèrent à l'ambassadeur le spectacle des marionnettes des Indes, qui ne sont pas fort différentes des nôtres. Entre les Chinois et les Laos, parut une troupe de Siamois et Siamoises disposés en ronds, qui dansaient d'une manière que Tachard trouva bizarre, c'est-à-dire des mains et des pieds. Quelques voix d'hommes et de femmes qui chantaient un peu du nez, jointes au bruit de leurs mains, réglaient la cadence.

Ces jeux furent suivis de celui des sauteurs, qui montaient sur de grands bambous plantés comme des mâts de quatre-vingts ou cent pieds de hauteur. Ils se tenaient au sommet sur un seul pied, l'autre en l'air. Ensuite, mettant la tête où ils avaient le pied, ils élevaient les deux pieds en haut. Enfin, après s'être suspendus par le menton, qui était seul appuyé sur le haut des bambous, les mains et le reste du corps en l'air, ils descendaient le long d'une échelle droite, passant entre les échelons avec une agilité et une vitesse incroyable. Un autre fit mettre sur une espèce de brancard sept ou huit poignards la pointe en haut, s'assit dessus, et s'y coucha corps nu, sans porter sur d'autre appui ; ensuite il fit monter sur son estomac un homme fort pesant, qui s'y tint debout, sans que toutes ces pointes, qui touchaient immédiatement sa peau, fussent capables de la percer. On voit que ces bateleurs valent bien les nôtres. Le 28 octobre, on publia que le roi devait sortir pour aller faire ses prières à trois lieues de la ville, dans une fameuse pagode, et pour rendre visite au *sancra*, qui est le chef de la religion et de tous les talapoins du royaume. Autrefois ce monarque faisait dans cette occasion la cérémonie de couper les eaux, c'est-à-dire de frapper la rivière de son poignard au temps de la plus grande inondation, et de commander aux eaux de se retirer. Mais ayant reconnu que les eaux continuaient quelquefois de monter après

avoir reçu l'ordre de descendre, il avait re-
noncé à ce ridicule usage, et sa piété se
réduisait à visiter, comme en triomphe, la
pagode et le grand-prêtre. On prépara une
galerie sur le bord de la rivière pour donner
ce spectacle aux Français. Le seigneur Constance s'y plaça près de l'ambassadeur, et
lui expliqua l'ordre de la marche royale.
Il voulut que les jésuites fussent aussi présens. Tachard avoue comme à regret qu'ils
étaient forcés à des cérémonies si profanes.

Vingt-trois mandarins du plus bas ordre
parurent d'abord chacun dans un ballon
dont la chirole était peinte en rouge, et
s'avancèrent à la file sur deux lignes, en
côtoyant les rives. Ils étaient suivis de cin-
quante-quatre autres ballons, des officiers
du roi, tous assis dans leurs chiroles, dont
les unes étaient entièrement dorées, et d'autres seulement par les bords. Chaque ballon
avait depuis trente jusqu'à soixante rameurs,
et l'ordre qu'ils observaient leur faisait occuper un grand espace. Ensuite venaient
vingt autres ballons plus grands que les premiers, au milieu de chacun desquels s'éle-

vait un siége doré et terminé en pyramide : c'étaient les ballons de la garde royale, dont seize avaient quatre-vingts rameurs et des rames dorées. Les rames des quatre autres étaient seulement rayées d'or. Après cette longue file de ballons, le roi parut dans le sien, élevé sur un trône pyramidal et très-bien doré. Ce monarque était vêtu d'un beau brocart d'or, enrichi de pierreries. Il avait un bonnet blanc terminé en pointe, entouré d'un cercle d'or avec des fleurons, et parsemé de pierreries. Son ballon était doré jusqu'à l'eau, et conduit par cent vingt rameurs, qui avaient sur la tête une toque couverte de lames d'or, et sur l'estomac des plastrons ornés de même. Les rayons du soleil donnaient un éclat merveilleux à cette parure. Le porte-enseigne du roi, tout couvert d'or, se tenait debout vers la poupe avec la bannière royale, qui est d'un brocart d'or à fond rouge; et quatre grands mandarins étaient prosternés aux quatre coins du trône. Ce beau ballon était escorté de trois autres de la même forme, qui n'étaient guère moins magnifiques ; mais les toques et les plastrons des rameurs étaient moins riches.

Les Siamois qui étaient rangés sur les deux rives se mirent à genoux d'aussi loin qu'ils aperçurent le roi, et portèrent les mains jointes sur la tête pour saluer ce prince, en touchant la terre du front dans cette posture, et recommençant sans cesse cette salutation jusqu'à ce qu'ils l'eussent perdu de vue. Vingt ballons à chiroles et à rames rayées de lignes d'or suivaient celui du roi, et seize autres, moitié peints, moitié dorés, fermaient toute la marche. Tachard en compta cent cinquante-neuf, dont les plus grands avaient plus de cent vingt pieds de long, mais à peine six pieds dans leur plus grande largeur. Il y avait sur ces bal— lons plus de quatorze mille hommes. Au retour, qui fut l'après-midi du même jour, le roi, pour donner de l'émulation aux ra— meurs, proposa un prix pour ceux qui arri— veraient les premiers au palais. Les spec— tateurs prirent beaucoup de plaisir à leur voir fendre l'eau avec une extrême rapidité, et jeter continuellement des cris de joie ou de tristesse lorsqu'ils gagnaient ou qu'ils perdaient l'avantage. La ville entière et tout le peuple d'alentour assistaient à ce spectacle. Cette foule était rangée vers les rives dans une infinité de ballons qui formaient deux lignes entre la ville et la pagode, c'est-à-dire l'espace d'environ trois lieues. Tachard, après les avoir vus passer, jugea que les ballons étaient au nombre d'environ vingt mille, et qu'ils ne portaient pas moins de cent mille hommes. D'autres Français assurèrent qu'il y avait plus de deux cent mille personnes. Lorsque le roi passa sur la rivière, toutes les fenêtres et les portes des maisons étaient fermées, et les sabords même des navires. Tout le monde eut ordre de sortir, afin que personne ne fût dans un lieu plus élevé que le roi. Ce prince voulut être du combat qu'il avait proposé ; mais comme son ballon était fourni d'un plus grand nombre de rameurs et des mieux choisis, il remporta bientôt l'avantage, et son ballon rentra victorieux dans la ville.

Huit jours après il sortit encore de son

palais avec la reine et toutes ses femmes, pour se rendre à Louvo. C'est une ville à quinze ou vingt lieues de Siam, vers le nord, où ce prince passait les deux tiers de l'année, parce qu'il y était plus libre qu'à Siam, où la politique orientale l'obligeait de se tenir renfermé pour entretenir ses peuples dans le respect et la soumission. Le seigneur Constance, qui avait vu les lettres de mathématiciens que Louis xiv avait accordées aux six jésuites, avait résolu de leur accorder une audience particulière à Louvo. Il les fit avertir de s'y rendre avec leurs instrumens. Deux grands ballons furent envoyés pour prendre leurs bagages, avec un autre à vingt-quatre rameurs pour les porter. Ils partirent le 15 novembre.

A deux lieues de la ville ils rencontrèrent un spectacle nouveau sur une vaste campagne inondée à perte de vue. C'était un convoi funèbre d'un fameux talapoin, chef de la religion des Pégouans. Le corps était renfermé dans un cercueil de bois aromatique élevé sur un bûcher autour duquel quatre grandes colonnes de bois doré por-

taient une haute pyramide à plusieurs étages. Cette espèce de chapelle ardente était
accompagnée d'un grand nombre de petites
tours de bois assez hautes et carrées, couvertes de carton grossièrement peint et de
figures de papier. Elle était environnée
d'un enclos de bois carré, sur lequel étaient
rangées plusieurs autres tours d'espace en
espace. À chacun des quatre coins il y en
avait une aussi élevée que la pyramide du
milieu, et deux plus petites à chaque côté
du carré. Tachard en vit sortir plusieurs
fusées volantes. Les quatre grandes tours,
posées aux quatre coins du grand carré,
étaient jointes par de petites maisons de
bois peintes de diverses figures grotesques,
de dragons, de singes, de démons cornus, etc.
De distance en distance, entre les cabanes,
on avait pratiqué des ouvertures pour laisser entrer et sortir les ballons. Les talapoins
de Pégou, en très-grand nombre dans leurs
ballons, occupaient presque tout l'espace
qui était entre le bûcher et le circuit du
grand carré. Ils avaient tous l'air grave et
modeste, chantant de temps en temps, et

quelquefois gardant un profond silence. Une multitude infinie de peuple, hommes et femmes indifféremment, assistaient derrière eux à cette fête mortuaire.

Une fête si nouvelle et si peu attendue fit arrêter quelque temps les Français. Ils ne virent que des danses burlesques et certaines farces ridicules que jouaient les Pégouans et les Siamois sous des cabanes de bambou et de jonc, ouvertes de tous côtés. Comme il leur restait quatre ou cinq lieues à faire, ils ne furent témoins que de l'ouverture du spectacle, qui devait durer jusqu'au soir. Ces honneurs qu'on rend aux morts parmi les Siamois leur donnent un extrême attachement pour leur religion. Les talapoins, que Tachard traite de docteurs fort intéressés, enseignent que plus on fait de dépenses aux obsèques d'un mort, plus avantageusement son ame est logée dans le corps de quelque prince ou de quelque animal considérable. Dans cette persuasion, les Siamois se ruinent souvent pour se procurer de magnifiques funérailles.

Les mathématiciens arrivèrent de bonne

heure au logement où ils devaient passer la nuit. Le pays leur avait paru extrêmement agréable. En suivant le canal qui a été creusé dans les terres pour abréger le chemin de Siam à Louvo, ils avaient découvert à perte de vue des campagnes pleines de riz ; et lorsqu'ils étaient entrés dans la rivière, le rivage, bordé d'arbres verts et de villages, avait attaché leurs yeux par la plus agréable variété.

Avant de rentrer dans leurs ballons, les Français voulurent voir un palais du roi qui était voisin du lieu où ils avaient logé. Ils n'en virent que les dehors, parce que le concierge avait ordre de n'en accorder l'entrée à personne. Cet édifice leur parut fort petit. Il est entouré d'une galerie assez basse, en forme de cloître, d'une architecture si irrégulière, que les piédestaux ne sont pas moins hauts que les pilastres. Autour de la galerie règne un balcon assez bas, environné d'une balustrade de pierre à hauteur d'appui. Mais à cent pas de ce palais ils en virent un plus grand et beaucoup plus régulier. Les pilastres extérieurs leur parurent de très-bon goût. Tout l'édifice forme un grand carré de cent cinquante à soixante pas de longueur. Sur les quatre côtés sont élevés quatre grands corps de logis fort exhaussés, bâtis en forme de galerie, et couverts d'un double toit arrondi en voûte par le haut. Ces galeries sont ornées en dehors de très-beaux pilastres, avec leurs bases et leurs chapiteaux, dont les proportions approchent beaucoup des nôtres. Tachard conclut de la régularité de ce vieux palais que l'architecte dont il est l'ouvrage devait avoir une grande connaissance de l'architecture de l'Europe. Les galeries ne sont percées que par des portes qui sont au milieu de chaque face. On voit par-dessus d'autres bâtimens plus exhaussés que les premiers, et au milieu de ceux-ci un grand corps de logis qui les surpasse tous, et qui fait avec les autres une fort belle symétrie. C'est le seul édifice du pays auquel les mathématiciens jésuites aient trouvé de la régularité et de la proportion.

De là, ils se rendirent à Louvo, qui est dans une situation très-agréable, et jouit d'un air fort sain. Elle était devenue grande et fort peuplée depuis que le roi y faisait un long séjour. M. de La Marre avait déjà reçu ordre de la fortifier à l'européenne.

L'ambassadeur, qui s'était rendu aussi à Louvo, fut conduit à l'audience, où le roi lui parla des six jésuites qu'il avait amenés, et que le roi de France envoyait, lui dit-il, pour faire leurs observations dans les Indes et pour travailler à la perfection des arts. C'était sous cette idée que le seigneur Constance les avait annoncés à la cour. Pendant l'audience, les jésuites visitèrent les jardins et les dehors du palais. Sa situation est fort belle. Il est placé au bord de la rivière, sur un terrain peu élevé; l'enceinte en est grande. Tachard n'y vit rien de plus remarquable que deux corps de logis détachés, dont les toits étaient tout éclatans de dorure. Cet éclat provient d'un vernis jaune dont les tuiles sont revêtues, et qui brille autant que de l'or aux rayons du soleil.

Le soir, on fit promener l'ambassadeur et toute sa suite sur des éléphans. Dès le jour de sa première audience, on lui avait fait voir dans le palais de Siam l'éléphant blanc, pour lequel on a tant de vénération dans les Indes, et qui avait fait le sujet de plusieurs guerres. Il l'avait trouvé assez petit, et si vieux, qu'il en était ridé : aussi lui donnait-on trois cents ans. Plusieurs mandarins étaient destinés à le servir. On ne lui offrait rien qu'en vaisselle d'or : au moins deux bassins qu'il avait devant lui étaient d'or massif, d'une grandeur et d'une épaisseur extraordinaire. Son appartement était magnifique, et le lambris du pavillon était fort proprement doré. Tachard observe que les moindres éléphans du roi ont quinze hommes qui les servent par quartier ; que d'autres en ont vingt, vingt-cinq, trente et quarante, selon leur rang ; et que l'éléphant blanc en a cent. On a peine à ne pas croire cette remarque un peu exagérée, lorsqu'il ajoute que le seigneur Constance lui a dit que le roi n'a pas moins de vingt mille éléphans dans son royaume, sans compter les sauvages qui sont dans les bois et dans les montagnes. On en prend quelquefois, assura-t-il, jusqu'à cinquante, soixante, et quatre-vingts même à la fois, dans une seule chasse.

Messieurs de l'Académie royale des sciences avaient recommandé aux six jésuites d'examiner si tous les éléphans avaient des ongles aux pieds. Tachard n'en vit pas un seul qui n'eût cinq ongles à chaque pied, c'est-à-dire à l'extrémité des cinq gros doigts; mais leurs doigts sont si courts, qu'à peine sortent-ils de la masse du pied. Il remarque qu'ils n'ont pas, à beaucoup près, les oreilles si grandes qu'on les dépeignait alors. Il en vit plusieurs qui avaient les dents d'une beauté et d'une longueur admirable. Elles sortaient à quelques uns plus de quatre pieds hors de la bouche, et d'espace en espace elles étaient garnies de cercles d'or, d'argent et de cuivre. Dans une maison de campagne du roi, à une lieue de Siam, sur la rivière, il vit un petit éléphant blanc qu'on destinait pour successeur à celui qui était dans le palais. On l'élevait avec des soins extraordinaires. Plusieurs mandarins étaient attachés à son service; et les égards qu'on avait pour lui s'étendaient jusqu'à sa mère et à sa tante, qu'on nourrissait avec lui. Sa grosseur était à peu près celle d'un bœuf. C'était le roi de Camboia qui en avait fait présent au roi de Siam depuis deux ou trois ans, en lui faisant demander du secours contre un sujet rebelle qui était soutenu par le roi de la Cochinchine.

Enfin, le 22 novembre, les mathématiciens jésuites furent avertis que le roi voulait leur accorder le même jour une audience particulière. Ce fut le seigneur Constance qui leur fit l'honneur de les conduire au palais vers quatre heures après midi. Il leur fit traverser trois cours, dans lesquelles ils virent des deux côtés plusieurs mandarins prosternés. En arrivant dans la cour la plus intérieure, ils trouvèrent un grand tapis sur lequel ce ministre leur dit de s'asseoir. Ils n'avaient pas d'habits de cérémonie ; on ne les obligea pas même de se déchausser : ce qu'on leur fit regarder comme une grande marque de distinction. Aussitôt qu'ils furent assis, le roi, qui allait sortir pour voir un combat d'éléphans, dont il voulait donner le plaisir à l'ambassadeur, monta sur le sien qui l'attendait à la porte de son appartement ; et remarquant les jésuites à dix

14*

ou douze pas de lui, il s'avança vers eux.

Le père Fontenay, supérieur de ses confrères, avait préparé un compliment. Mais le seigneur Constance, voyant le roi pressé, parla pour eux à ce prince, qui les regarda les uns après les autres d'un visage riant et plein de bonté. Son âge était d'environ cinquante-cinq ans, sa taille un peu au-dessous de la médiocre, mais fort droite et bien prise. Il répondit au discours de son ministre « qu'ayant su que le roi de France envoyait les six jésuites à la Chine pour de grands desseins, il avait désiré de les voir et de leur dire de bouche que, s'ils avaient besoin de quelque chose, soit pour le service du roi leur maître, soit pour leur propre usage, il avait donné ordre qu'on leur fournît tout ce qui leur serait nécessaire. »

Les jésuites n'eurent le temps de répondre à cette faveur que par des remercîmens respectueux et de profondes inclinations. Le roi continua son chemin ; et passant de cette cour dans une autre au milieu d'une haie de mandarins prosternés devant lui, le front contre terre et dans un grand silence,

Il trouva près de la première porte du palais les chefs des compagnies marchandes de
l'Europe, déchaussés, à genoux et appuyés
sur leurs coudes, auxquels il donna une
courte audience.

Le jour même de l'audience, le roi devait
faire voir à l'ambassadeur un combat d'éléphans. Il avait donné ordre qu'on en pré-
parât six pour les six jésuites qu'il voulait
voir présens à ce spectacle. Le seigneur
Constance leur donna un mandarin pour
les conduire. Ils trouvèrent, en sortant du
palais, six éléphans avec leurs chaises dorées et des coussins fort propres. Chacun
s'étant approché du sien, Tachard décrit la
manière dont on les y fit monter. Le pas-
teur (c'est le nom qu'on donne à celui qui
est sur le cou de l'éléphant pour le gouverner) fit mettre l'animal à genoux, et le fit
ensuite coucher sur le côté, de sorte qu'on
pouvait poser le pied sur une des jambes
de devant qu'il avançait, et de là sur son
ventre; après quoi, se redressant un peu,
il donnait le temps de s'asseoir commodé-
ment dans la chaise qu'il porte sur le dos.

On peut aussi se servir d'échelles pour se mettre à sa hauteur; c'est pour la commodité des étrangers, qui ne sont pas accoutumés à cette monture, qu'on met des chaises sur le dos de ces animaux. Les naturels du pays, de quelque qualité qu'ils soient, à l'exception du roi, montent sur le cou, et les conduisent eux-mêmes. Cependant, lorsqu'ils vont à la guerre ou à la chasse, ils ont deux pasteurs, l'un sur le cou, l'autre sur la croupe de l'éléphant, et le mandarin est au milieu du dos, armé d'une lance ou d'une espèce de javelot. Tachard remarqua, dans une chasse, que le roi, qui était sur une espèce de trône porté par son éléphant, se leva sur ses pieds lorsque les éléphans sauvages voulurent forcer le passage de son côté, et se mit sur le dos du sien pour les arrêter.

Les jésuites suivirent le roi dans une grande plaine à cent pas de la ville : ce monarque avait l'ambassadeur à sa droite, éloigné de quinze ou vingt pas, le seigneur Constance à sa gauche, et quantité de mandarins autour de lui, prosternés par respect aux pieds de son éléphant. On entendit d'abord des trompettes, dont le son est fort dur et sans inflexion ; alors les deux éléphans destinés pour combattre jetèrent des cris horribles : ils étaient attachés par les pieds de derrière, avec de grosses cordes que plusieurs hommes tenaient pour les retirer, si le choc devenait trop rude. On les laisse approcher de manière que leurs défenses se croisent sans qu'ils puissent se blesser. Ils se choquent quelquefois si rudement, qu'ils se brisent les dents, et qu'on en voit voler les éclats. Mais ce jour-là le combat fut si court, qu'on crut que le roi ne l'avait ordonné que pour se procurer l'occasion de faire avec plus d'éclat un présent à M. de Vaudricour, qui avait amené les deux mandarins siamois, et qui devait conduire ces ambassadeurs en France. A la fin du spectacle, le roi s'approcha de lui, et lui donna de sa main un sabre, dont la poignée était d'or massif, et le fourreau d'écaille de tortue, orné de cinq lames d'or, avec une grande chaîne de filigrane d'or pour lui servir de baudrier, et une veste de brocart à boutons d'or. Cette sorte de sabre ne se donne, à Siam, qu'aux généraux d'armée, lorsqu'ils partent pour aller à la guerre. M. de Joyeux, capitaine de la frégate française, reçut un présent de la même nature, mais moins magnifique.

La plupart des jours que le roi passa au palais de Louvo furent employés en spectacles. Tachard et ses confrères furent obligés d'assister à celui des éléphans contre un tigre, toujours sur la même monture, pour ne pas scandaliser les talapoins, qui se font un crime de monter à cheval.

On avait élevé hors de la ville une haute palissade de bambous, d'environ cent pieds en carré. Au milieu de l'enceinte étaient trois éléphans destinés à combattre le tigre; ils avaient une espèce de plastron en forme de masque, qui leur couvrait la tête et une partie de la trompe. Aussitôt que les spectateurs furent placés, on fit sortir de la loge qui était dans l'enfoncement un tigre d'une figure et d'une couleur qui parurent nouvelles aux Français : outre qu'il était beaucoup plus grand, plus gros, et d'une taille moins effilée que ceux qu'ils avaient vus en France, sa peau n'était pas mouchetée ; mais, au lieu de toutes les taches semées sans ordre, il avait de longues et larges bandes en forme de cercles : ces bandes, prenant sur le dos, se rejoignaient par-dessous le ventre, et, continuant le long de la queue, y formaient des anneaux blancs et noirs, placés alternativement. La tête n'avait rien d'extraordinaire, non plus que les jambes, excepté qu'elles étaient plus grandes et plus grosses que celles des tigres communs, quoique ce ne fût qu'un jeune tigre qui pouvait croître encore. Le seigneur Constance dit aux jésuites qu'il s'en trouvait dans le royaume de trois fois plus gros, et qu'étant un jour à la chasse avec le roi, il en avait vu un qui était de la grandeur d'un mulet : c'est une espèce particulière ; car le pays en produit aussi de petits, tels que ceux qu'on apporte d'Afrique en Europe ; et Tachard en vit un le même jour à Louvo.

On ne lâcha pas d'abord le tigre qui devait combattre ; mais on le tint attaché par deux cordes ; de sorte que, n'ayant pas la liberté de s'élancer, le premier éléphant qui l'approcha lui donna deux ou trois coups de sa trompe sur le dos. Ce choc fut si rude, que le tigre en ayant été renversé, demeura quelque temps sur la place, avec aussi peu de mouvement que s'il eût été mort. Cependant, lorsqu'on l'eut délié, il fit un cri horrible, et voulut se jeter sur la trompe de l'éléphant qui s'avançait pour le frapper : celui-ci, la repliant adroitement, la mit à couvert par ses défenses, dont il atteignit le tigre, et qui lui firent faire un grand saut en l'air. Cet animal parut étourdi du coup ou de sa chute : n'osant plus s'approcher, il fit plusieurs tours le long de la palissade, et quelquefois il s'élançait vers les spectateurs qui paraissaient dans les galeries. Alors on poussa contre lui les trois éléphans, qui lui donnèrent tour à tour de si rudes coups, qu'il fit encore une fois le mort : ils l'eussent tué sans doute, si l'ambassadeur n'eût demandé grace pour lui.

Le lendemain au soir, il se fit au palais une grande illumination, qui se renouvelle tous les ans : elle consistait en dix-huit cents ou deux mille lumières, dont les unes étaient rangées sur de petites fenêtres pratiquées exprès dans les murs de l'enceinte, et les autres dans des lanternes, dont Tachard admira l'ordre et la forme, surtout celle de certains grands falots en forme de globes, qui sont d'un seul morceau de corne transparente comme le verre. Ce spectacle était accompagné du son des tambours, des fifres et des trompettes. Pendant que le roi l'honorait de sa présence, la princesse en donnait un semblable aux dames de la cour, d'un autre côté du palais.

Le seigneur Constance fit voir aux jésuites l'*éléphant prince*, qui était d'une beauté et d'une grosseur ordinaire ; on lui donnait ce nom, parce qu'il était né le même jour que le roi. Ils virent aussi l'éléphant de garde qu'on relève chaque jour dans un pavillon voisin de l'appartement du roi, et qu'on tient prêt jour et nuit pour son usage.

Le roi ayant fait connaître à l'ambassadeur de France qu'il souhaitait que l'observation de la première éclipse se fît en sa présence, on choisit pour le travail une maison royale nommée *Tlée-poussonne*, à une petite lieue à l'est de Louvo, et peu éloignée d'une forêt où sa majesté devait prendre le divertissement de la chasse des éléphans. Le 10, ce prince invita l'ambassadeur à voir les illuminations qui se faisaient pour cette chasse, et voulut que les six jésuites assistassent aussi à ce spectacle. Tachard en fait la description.

« Un corps d'environ quarante-six mille hommes avait formé dans les bois et sur les montagnes une enceinte de vingt-six lieues en carré long, dont les deux grands côtés étaient chacun de dix lieues, et les deux autres de trois. Cette vaste étendue était bordée de deux rangs de feux qui régnaient sur deux lignes, l'une à quatre ou cinq pas de l'autre, et qu'on entretient toute la nuit du bois de la forêt ; ils sont soutenus en l'air à la hauteur de sept ou huit pieds, sur de petites plates-formes carrées, élevées sur quatre pieux, ce qui les fait découvrir tous à la fois. Ce spectacle parut à Tachard, pendant les ténèbres, la plus belle illumination qu'il eût jamais vue. De grandes lanternes, disposées d'espace en espace, faisaient la distinction des quartiers, qui étaient commandés par différens chefs, avec un certain nombre d'éléphans de guerre et de chasseurs armés comme des soldats. On tirait par intervalles de petites pièces de campagne, pour étonner tout à la fois par le bruit et par la vue des feux les éléphans qui voudraient forcer le passage : l'oubli de cette précaution avait fait manquer une chasse précédente. Comme il s'était trouvé dans l'enceinte une montagne escarpée, on avait négligé d'y placer des feux, des gardes et de l'artillerie, parce qu'on l'avait crue inaccessible à des animaux d'une énorme grosseur; mais dix ou douze s'étaient échappés avec une adresse fort singulière : ils s'étaient servis de leurs trompes pour s'attacher à un des arbres qui étaient sur la pente de la montagne. Du premier arbre ils s'étaient guindés au tronc d'un autre; et grimpant ainsi d'arbre en arbre, ils étaient parvenus avec des efforts incroyables jusqu'au sommet de la montagne, d'où ils s'étaient sauvés dans les bois. »

Après une collation magnifique de confitures, et de toutes sortes de fruits, qui fut servie dans un lieu fort agréable, autour duquel on avait placé des éléphans de guerre et des feux pour garantir les Français des tigres et des autres animaux féroces qui pouvaient se trouver dans l'enceinte, le seigneur Constance mena les jésuites au château de Tlée-poussonne, où le roi s'était déjà rendu pour assister à l'observation de l'éclipse. Ils arrivèrent à neuf heures du soir au bord d'un canal qui conduit au château, où ils étaient attendus par un ballon du roi. Ce canal est fort large, et long de plus d'une lieue; il était éclairé sur les deux rives d'une infinité de feux élevés comme ceux qu'on a décrits. A un demi-quart de lieue du château, les rameurs, qui avaient nagé jusqu'alors avec beaucoup de force et de bruit, commencèrent à ramer si doucement, qu'on n'entendait presque pas le bruit de leurs rames. On avertit les jésuites qu'il fallait se taire ou parler fort bas. Lorsqu'ils descendirent au rivage, tout était si tranquille, malgré la multitude de soldats et de mandarins qui se trouvaient aux environs, qu'ils se crurent dans une solitude écartée. Ils s'occupèrent d'abord à disposer leurs lunettes sur divers appuis qu'on avait élevés dans cette vue; mais n'ayant pas eu besoin de donner beaucoup de temps à ce travail, ils se rembarquèrent une heure après pour aller passer le reste de la nuit dans la maison du seigneur Constance, qui était à cent pas du palais.

On leur laissa trois ou quatre heures de repos, après lesquelles ils s'embarquèrent pour se rendre à la galerie où devait se faire l'observation : il était près de trois heures après minuit. Les mathématiciens, à leur arrivée, préparèrent une fort bonne lunette de cinq pieds, dans la fenêtre d'un salon qui donnait sur la galerie. On avertit le prince, qui vint aussitôt à cette fenêtre. Ses mathématiciens étaient assis sur des tapis de Perse, les uns aux lunettes d'approche, les autres à la pendule; d'autres devaient

15*

écrire le temps de l'observation. Ils saluèrent le monarque de Siam par une profonde
inclination, et chacun commença son travail.

Le roi parut prendre un vrai plaisir à
voir dans la lunette toutes les taches de la
lune, surtout lorsqu'on lui fit remarquer leur
conformité avec le type qu'on en avait fait à
l'Observatoire de Paris. Il fit diverses questions : pourquoi la lune paraissait renversée
dans la lunette; pourquoi l'on voyait encore
la partie de la lune qui était éclipsée; quelle
heure il était à Paris; à quoi des observations faites de concert dans des lieux si
éloignés pouvaient être utiles, etc. Tandis
qu'on satisfaisait sa curiosité par des explications, un de ses principaux officiers apporta sur un grand bassin d'argent six soutanes
et autant de manteaux de satin, dont le roi
fit présent aux mathématiciens; il leur permit de se lever et de se tenir debout en sa
présence. Il regarda dans la lunette après
eux : toutes faveurs, remarque Tachard,
qui doivent paraître fort singulières à ceux
qui savent avec quel respect les rois de Siam
veulent qu'on approche d'eux.

Tachard n'oublie pas un crucifix d'or massif que le roi de Siam lui donna pour le père de La Chaise, et un de tombac, qu'il reçut lui-même de sa majesté.

Un astrologue bramine, qui était à Louvo, avait prédit la même éclipse à un quart-d'heure près; mais il s'était considérablement trompé en soutenant que l'émersion ne paraîtrait sur l'horizon qu'après le lever du soleil. Tachard regrette de n'avoir pas entendu la langue siamoise, pour savoir de ce bramine la manière dont il calculait les éclipses; mais il conclut du moins de ses observations qu'il n'était pas du sentiment des talapoins siamois, qui enseignent que, lorsque la lune s'éclipse, un dragon la dévore et la rejette ensuite. Quand on leur objecte que les mathématiciens de l'Europe prédisent l'instant même de l'éclipse, sa grandeur, sa durée, et qu'ils savent pourquoi la lune est quelquefois éclipsée tout entière, quelquefois à demi, ils répondent froidement que le dragon a ses repas réglés, que les Européens en connaissent l'heure, et la mesure de son appétit, qui est quelquefois plus grand ou plus petit; et c'est ainsi qu'on répond à tout.

Il restait à prendre les éléphans qu'on tenait renfermés dans l'enceinte, et le roi voulut que les mathématiciens le suivissent à cette chasse. Le jour même des observations, ils partirent à sept heures du matin. On s'enfonça dans les bois l'espace d'une lieue, jusqu'à l'enclos où les éléphans sauvages avaient été resserrés. C'était un parc carré de trois ou quatre cents pas géométriques, dont les côtés étaient fermés par de gros pieux, avec de grandes ouvertures néanmoins qu'on avait laissées de distance en distance. Il s'y trouvait quatorze éléphans de guerre pour empêcher les sauvages de franchir les palissades. Les six jésuites étaient placés derrière cette haie, et fort près du roi. Dans la troupe d'éléphans sauvages il s'en trouva deux ou trois fort jeunes et fort petits. Le roi dit à l'ambassadeur qu'il en enverrait un à M. le duc de Bourgogne; mais faisant réflexion que M. le duc d'Anjou pourrait souhaiter aussi d'en avoir un, il ajouta qu'il voulait lui en envoyer un plus petit, afin qu'il n'y eût point de jalousie entre ces deux princes.

Les Français partirent de Siam le 14 décembre, accompagnés du seigneur Constance, qui voulut suivre l'ambassadeur jusqu'à la barre, avec de nouvelles marques d'honneur. Outre la lettre du roi son maître, qu'il fit apporter pompeusement au vaisseau français, il chargea le père Tachard de celle qu'il écrivait lui-même au roi de France, et lui fit présent d'un chapelet composé du bois précieux de Calambac, dont la croix et les gros grains étaient de tombac.

Il ne restait qu'à mettre à la voile. M. le chevalier de Forbin, et M. de La Marre, ingénieur, étant demeurés volontairement au service du roi de Siam, l'ambassadeur partait avec la satisfaction de n'avoir pas perdu un seul homme pendant le séjour qu'il avait fait dans les états de ce prince ; et deux ambassadeurs siamois qu'il menait en France avec leur suite rendirent témoignage, dans toute sa route, de la considération extraordinaire avec laquelle il avait été reçu d'une des premières puissances de l'Inde.

Nous tirerons encore quelques particularités d'un second voyage du père Tachard, qui n'était revenu en France que pour demander au roi, de la part du roi de Siam, douze mathématiciens jésuites; faveur qu'il obtint facilement de Louis xiv.

La flotte destinée à conduire les ambassadeurs siamois et les mathématiciens était composée de six vaisseaux.

Le célèbre Cassini avait averti les pères, avant leur départ, qu'il y aurait une éclipse de soleil le onzième de mai, et qu'elle serait même totale aux îles du cap Vert et en Guinée. On ne s'était pas mis en peine de la calculer pendant le voyage, parce qu'on espérait alors être à la hauteur du cap de Bonne-Espérance, où l'on ne croyait pas que l'éclipse fût sensible. Il paraissait que la latitude de la lune devait être trop australe. Cependant les ambassadeurs siamois, dont la curiosité pour ces phénomènes va jusqu'à la superstition, prièrent les ésuites de la calculer pour l'amour d'eux.

Le père Comilh eut cette complaisance, quoique fort incommodé du voyage. Son travail lui devint d'autant plus agréable, que, malgré l'opinion qu'on en avait eue, il trouva par son opération qu'en effet le corps du soleil paraîtrait considérablement éclipsé vers la hauteur de vingt-trois degrés du sud, et à trois cent cinquante-huit degrés de longitude, où l'on croyait être actuellement. L'expérience vérifia ses calculs le jour même de l'éclipse, qui fut observée aussi soigneusement qu'il fut possible dans le mouvement continuel du navire. Les ambassadeurs siamois en conçurent une haute estime pour l'astronomie européenne, et les pilotes se confirmèrent dans l'estime de leur longitude, qui se trouva fort juste, par l'arrivée de la flotte au cap de Bonne-Espérance.

On avait recommandé aux pères de s'éclaircir d'une particularité curieuse, qui regardait la montagne de la Table, où M. Thévenot prétendait, quoique sur le témoignage d'autrui, que la mer avait autrefois passé, et qu'on trouvait beaucoup de coquillages. Deux jésuites entreprirent de découvrir la vérité de cette remarque. Leur espérance était aussi de trouver des plantes extraordinaires sur cette montagne, sans compter qu'ils voulaient lever la carte du pays qu'elle domine de tous côtés.

Nous nous mîmes en chemin, écrit le père de Bèze, avec deux de nos gens. Quelques autres avaient tenté sans succès la même entreprise. Du pied de la montagne nous vîmes une grande quantité d'eau, qui tombe comme en cascade le long du roc, dont la hauteur est fort escarpée. Toutes ces eaux ramassées formaient une rivière considérable ; mais la plupart vont se perdre dans la terre, au pied de la montagne, et le reste se réunit en deux autres gros ruisseaux, qui font tourner des moulins près des habitations hollandaises. Elles n'ont pas d'autre origine que les nuages, qui, rencontrant dans leur passage le sommet de cette haute montagne fort échauffée des rayons du soleil, se résolvent en eau, et tombent ainsi de tous côtés. Il y aurait les plus belles observations du monde à faire là-dessus. En approchant de la hauteur, nous entendîmes un grand bruit de singes qui en font leur retraite, et qui faisaient rouler du haut en bas d'assez grosses pierres, dont le choc retentissait entre les rochers.

« Notre guide, qui n'était jamais monté si haut, en fut fort surpris, et me dit qu'il y avait sur la montagne des animaux plus gros que des lions, qui dévoraient les hommes. Je m'aperçus bientôt que c'était la peur et la fatigue qui le faisaient parler. Je l'encourageai, et nous continuâmes notre route avec une difficulté extrême. Nous vîmes bientôt quantité de singes qui bordaient le haut de la montagne; mais ils disparurent lorsqu'ils nous virent monter vers eux, et nous ne trouvâmes que leurs vestiges.

« Le sommet de la montagne est une grande esplanade d'environ une lieue de tour, presque toute de roc et fort unie, excepté qu'elle se creuse un peu dans le milieu, qui offre une belle source, formée apparemment par d'autres eaux qui viennent des endroits de l'esplanade les plus élevés.

Nous vîmes aussi quantité de plantes odo-
riférantes qui croissent entre les rochers;
mais je ne trouvai rien de plus beau que les
vues de cette montagne, que je fis dessiner.
D'un côté, on voit la baie du cap et toute
la rade; de l'autre, la mer; du troisième,
le cap False; et du quatrième, le continent
de l'Afrique, où les Hollandais ont diverses
habitations. Je fis creuser la terre, pour satisfaire la curiosité de M. Thévenot. Elle
est fort noire, et remplie d'un mélange de
sable et de petites pierres blanches. »

Ce fut le 27 du mois de septembre qu'on
mouilla l'ancre à l'embouchure du Ménam,
ou rivière de Siam. Tachard, chargé des
instructions de messieurs les envoyés, se mit
dans un ballon avec le père d'Espagnac,
qui parlait fort bien la langue portugaise,
et un gentilhomme de M. de La Loubère,
qui portait une lettre au seigneur Constance
de la part de ce ministre. Il était accompagné aussi d'un mandarin, que les ambassadeurs siamois envoyaient à la cour pour an-
noncer leur arrivée. Quoique ce mandarin ne fût pas des plus considérables du
royaume, il était du palais; et l'honneur

qu'il avait de paraître quelquefois devant le
roi lui fit rendre de grands honneurs sur sa
route.

« Je n'omettrai pas, dit Tachard, une
circonstance assez particulière qui fera connaître une partie du caractère et de l'éducation des Siamois. Tandis que notre mandarin recevait les respects des habitans de la
première tabanque, je m'informai en langue
du pays de la santé du roi de Siam. A cette
demande, chacun regarda son voisin, comme
étonné de ma demande, et personne ne me
fit de réponse. Je crus manquer à la pro-
nonciation ou à l'idiome même des gens de
cour. Je m'expliquai en portugais par un
interprète ; mais je ne pus rien tirer du
gouverneur, ni d'aucun de ses officiers. A
peine osaient-ils prononcer entre eux, et
fort secrètement, le nom du roi. Quand je
fus arrivé à Louvo, je racontai à M. Constance l'embarras où je m'étais trouvé en
demandant des nouvelles du roi de Siam,
sans avoir pu obtenir aucune réponse. J'a-
joutai que le trouble de ceux auxquels je
m'étais adressé, et la peine qu'ils avaient

eue à me répondre, m'avaient causé beaucoup d'inquiétude, dans la crainte qu'il ne fût arrivé à la cour quelque changement considérable. Il me répondit qu'on avait été fort étonné de mes questions, parce qu'elles étaient contraires aux usages des Siamois, auxquels il est si peu permis de s'informer de la santé du roi leur maître, que la plupart ne savent pas même son nom propre : et que ceux qui le savent n'oseraient le prononcer ; qu'il n'appartient qu'aux mandarins du premier ordre de prononcer un nom, qu'ils regardent comme une chose sacrée et mystérieuse ; que tout ce qui se passe au dedans du palais est un secret impénétrable aux officiers du dehors, et qu'il est rigoureusement défendu de rendre public ce qui n'est connu que des personnes attachées au service du roi dans l'intérieur du palais ; que la manière de demander ce que je voulais savoir était de m'informer du gouverneur si la cour était toujours la même, et si depuis un certain temps il n'était rien arrivé d'extraordinaire au palais ou dans le royaume ; qu'alors, si on m'avait répondu qu'il n'était arrivé aucun changement, c'eût été m'assurer que le roi et ses ministres étaient en parfaite santé ; mais qu'au contraire, si la face du gouvernement eût été changée par quelque révolution, on n'eût pas fait difficulté d'en parler, parce qu'après la mort des rois de Siam, tout le monde indifféremment peut apprendre et prononcer leur nom. »

A peine l'escadre eut-elle mouillé, que les ambassadeurs siamois, impatiens d'aller rendre compte de leur négociation, demandèrent d'être mis à terre. Ils partirent dès le lendemain, au bruit des décharges du canon qu'on tira de tous les vaisseaux. Ils se rendirent d'abord auprès du seigneur Constance, pour savoir de lui quand ils auraient l'honneur de paraître devant le roi ; car, avant d'avoir expliqué à leur souverain tout ce qu'ils avaient fait en Europe, il ne leur était pas permis de retourner dans leurs familles sans une permission expresse, qui ne s'accorde pas facilement. Les ambassadeurs de Siam observent religieusement cette coutume, non-seulement quand ils arrivent à

16*

Siam, au retour de leur ambassade, mais lorsqu'ils doivent partir de leur pays pour se rendre dans une cour étrangère. Aussitôt que le roi leur a donné ses premiers ordres, ils ne peuvent plus entrer dans leurs maisons sous aucun prétexte. De même, en arrivant dans les cours où ils sont envoyés, il ne leur est pas permis d'assister aux cérémonies ni aux assemblées publiques avant qu'ils aient reçu audience du prince. Ceux qui revenaient sur l'escadre avaient observé cet usage en France. Lorsqu'ils virent leur ministre, ils se prosternèrent à ses pieds, en lui demandant s'ils avaient eu le bonheur de contenter sa majesté et son excellence. Après leur avoir témoigné la satisfaction qu'on avait d'eux, il voulut savoir en général ce qu'ils pensaient de ce qu'ils avaient vu, et surtout du monarque auquel ils avaient eu l'honneur d'être envoyés. « Ils répondirent, suivant les expressions de Tachard, qu'ils avaient vu des anges, non pas des hommes ; et que la France n'était pas un royaume, mais un monde. Ils étalèrent ensuite, d'un air touché, la grandeur, la richesse, la politesse des Français ; mais ils ne purent retenir leurs larmes quand ils parlèrent de la personne du roi, dont ils firent le portrait avec tant d'esprit, que M. Constance avoua qu'il n'avait rien entendu de plus spirituel. » Le style des jésuites est toujours le même quand il est question de Louis XIV.

Nous trouvons dans une lettre du père Fontenay, datée de Louvo, le 12 mai 1681, quelques détails curieux sur des mines d'aimant qu'il avait visitées. Nous omettons quelques circonstances peu importantes, pour venir à l'objet principal de son récit.

« Après avoir fait six ou sept mille toises de chemin vers l'orient, nous arrivâmes au village de Ban-Soan, composé de dix à douze maisons ; ses environs sont pleins de mines de fer : on y voit une méchante forge, où chaque habitant est obligé de fondre tous les ans un pic, c'est-à-dire cent vingt-cinq livres de fer pour le roi. Toute la forge consistait en deux ou trois fourneaux qu'ils remplissent ; ensuite ils couvrent la mine de charbon, et le charbon venant peu à peu à se réduire en cendres, la mine se trouve au fond dans une espèce de boule. Les soufflets dont ils se servent sont assez singuliers : ce sont deux cylindres de bois creusé, de sept à huit pouces de diamètre ; chaque cylindre a son piston de bois, entouré d'une pièce de toile roulée qui est attachée au bois du piston avec de petites cordes. Un homme seul, élevé sur un petit banc, s'il en est besoin, prend un de ces pistons de chaque main par un long manche, pour les baisser et les lever l'un après l'autre ; le piston qu'il élève laisse entrer l'air, parce que le haut du cylindre est un peu plus large que le bas ; le même, quand on le baisse, le pousse avec force dans un canal de bambou qui aboutit au fourneau.

« Nous partîmes de grand matin pour aller à la mine ; elle est à l'orient d'une assez haute montagne nommée *Caou-Petquedec*, dont elle est si proche, qu'elle y paraît comme attachée ; elle paraît divisée en deux roches, qui apparemment sont unies sous terre. La grande, dans toute sa longueur, qui s'étend de l'orient à l'occident, peut avoir vingt-quatre ou vingt-cinq pas géométriques, et quatre ou cinq du midi au septentrion ; dans sa plus grande hauteur, elle a neuf ou dix pieds. La petite, qui est au nord de la grande, dont elle n'est éloignée que de sept à huit pieds, a trois toises de long, peu de hauteur et de largeur ; elle est d'un aimant bien plus vif que l'autre ; elle attirait avec une force extraordinaire les instrumens de fer dont on se servait. On fit tous les efforts possibles pour en détacher, mais sans succès, parce que les instrumens de fer, qui étaient fort trempés, s'étaient aussitôt rebouchés. On fut obligé de s'attacher à la grande, dont on eut beaucoup de peine à rompre quelques morceaux qui avaient de la saillie, et qui donñaient de la prise au marteau ; cependant on en tira quelques bonnes pièces, et nous ne doutâmes point qu'il ne s'en trouvât d'excellentes, si l'on fouillait un peu avant dans la mine. Autant qu'on en peut juger par les morceaux de fer qu'on y appliquait, les pôles de la mine regardaient le midi et le nord ; car on n'eût pu rien connaître par la boussole, dont l'aiguille s'affolait aussitôt qu'elle en était approchée.

« Nos observations furent faites avec précipitation. La disette des vivres et le voisinage des bêtes féroces nous obligèrent de nous retirer au plus vite pour regagner Lonpéen, etc. »

Le reste du voyage n'eut rien de remarquable ; les mathématiciens observèrent seulement que le pays par lequel ils avaient passé serait un des plus beaux pays du monde, s'il était entre les mains d'une nation qui sût profiter de ses avantages. Le Ménam, depuis Tchainatbouric jusqu'à son embouchure, c'est-à-dire l'espace de quatre-vingts ou cent lieues marines, promène ses eaux dans une plaine la plus unie et la plus fertile qu'on puisse se représenter ; ses rives sont agréables et très-peuplées ; mais si l'on s'en écarte d'une lieue, on entre dans des déserts où l'on voyage avec autant d'incommodité que de danger. Tout y manque ; et lorsqu'on arrive à quelque village, il faut penser à se bâtir une loge pour y passer la nuit à couvert sur la terre nue. Près de la mine, les mathématiciens furent obligés de camper au milieu des bois, et de mettre le feu, suivant l'usage du pays, aux grandes herbes sèches dont la plaine voisine était remplie, pour donner la chasse aux bêtes féroces qui sortent de leurs repaires pendant la nuit. Un mandarin prudent se fit dresser une cabane entre les branches d'un arbre. On ne laissa pas d'entendre quatre tigres qui vinrent jeter des cris lugubres autour du petit camp, et qui ne se retirèrent qu'après avoir été effrayés par quelques coups de fusil.

Tachard s'étend avec reconnaissance sur les faveurs que le roi de Siam avait accordées depuis peu au christianisme. Outre le collége de messieurs des Missions étrangères, qui avaient pris le nom de *Constantinien*, parce qu'il avait été bâti à la sollicitation du seigneur Constance, pour y élever les enfans étrangers, on avait élevé une fort jolie maison avec une église pour les jésuites portugais, et une fort belle église pour les dominicains de la même nation. Les ordres étaient donnés pour bâtir à Siam un collége pour les jésuites français, où la jeunesse du royaume devait être élevée. Celui de Louvo était fort avancé, et d'une agréable structure; le roi même avait la bonté d'y aller quelquefois pour en presser les travaux; et, par une faveur dont on n'avait pas vu d'exemple pendant son règne, il donna aux jésuites siamois des lettres patentes qu'il fit approuver par son conseil, non-seulement pour leur assurer la propriété du collége de Louvo, mais pour y attacher cent personnes à leur service. La formule de ces lettres est curieuse; elles ne sont autorisées que du sceau du roi, parce que les rois de Siam ne signent jamais de leur main aucune de leurs dépêches. Tachard, qui a pris soin de les traduire, garantit la fidélité de sa traduction.

« Nous étant transporté à Soutan-Souanka, *Oya-Vitchaigen* (1) nous a très-humblement supplié de lui accorder un emplacement au même endroit, pour les PP. français de la compagnie de Jésus, et d'ordonner qu'on y bâtît une église, une maison et un observatoire, et qu'on leur donnât cent personnes pour les servir. Ainsi

____

(1) Nom siamois de Constance.

nous avons donné nos ordres à *Oepra-Sima Osor* de tenir la main à leur entière et absolue exécution, conformément à la très-humble remontrance d'Oya-Vitchaigen en faveur de ces pères. Nous voulons que les cent personnes que nous leur donnons, avec leurs enfans et leur postérité à venir, les servent à jamais ; et faisons défense à toute personne, de quelque qualité et condition qu'elle puisse être, de retirer ces cent hommes et leurs descendans du service où nous les avons engagés ; que si quelqu'un, de quelque autorité ou condition qu'il puisse être, ose contrevenir à nos ordres (place du sceau), nous le déclarons maudit de Dieu et de nous, et condamné à un châtiment éternel dans les enfers, sans espérance d'en être jamais délivré par aucun secours divin ou humain.

« Par ordre exprès de sa majesté, ces présentes lettres ont été scellées du sceau royal au commencement et au milieu de cet acte, contenant vingt-cinq lignes écrites sur du papier du Japon. »

Pour faire sceller cette patente et les

lettres que le roi envoyait en Europe, Tachard se rendit avec le seigneur Constance dans un appartement intérieur du palais, où l'on garde les sceaux du roi de Siam. Avant d'y entrer, ils passèrent sous les fenêtres de celui du roi, où Tachard remarqua deux choses. Comme il entendait diverses voix qui chantaient dans une pagode qui joignait l'appartement du roi, il demanda ce qu'elles signifiaient : on lui répondit que c'étaient des talapoins qui priaient Dieu, suivant l'usage, pour la santé du roi, et qu'il y avait un nombre réglé de ces religieux entretenus par le roi, pour exercer régulièrement cet office. En repassant au même endroit, il entendit la voix d'un homme qui lisait dans la chambre du roi. Il apprit que chaque jour ce prince, avant de se reposer, se faisait lire diverses histoires de son royaume et des états voisins, qu'il avait fait ramasser avec beaucoup de soin et de dépense.

Lorsqu'on fut entré dans la salle où l'on garde les sceaux, le mandarin qui en est chargé prit respectueusement une grande cassette, dans laquelle ils sont renfermés. Aussitôt on entendit des tambours et des instrumens pour avertir tout le monde de se tenir dans une posture décente, et les sceaux furent portés en cérémonie dans la salle d'audience. Les tambours et les trompettes s'arrêtèrent à la porte sans discontinuer leurs fanfares. Constance et Tachard étant entrés avec celui qui portait la cassette, trouvèrent plusieurs mandarins qui attendaient les sceaux, et qui les saluèrent d'abord par une profonde inclination. Ensuite Constance s'approcha du trône où l'on avait déposé la cassette ; il en tira les sceaux, et les imprima sur les lettres. Les fanfares redoublèrent après cette opération, et les sceaux furent rapportés avec la même cérémonie.

On sait que tous ces commencemens de faveur et de prospérité s'évanouirent peu d'années après par la mort de Constance, qui périt dans une de ces révolutions si fréquentes dans les cours d'Orient.

CHAPITRE IV.

Observations sur le royaume de Siam, tirées des
Mémoires du chevalier de Forbin.

Nous laisserions l'article de Siam impar-
fait, si nous ne rapportions pas quelques
observations très-judicieuses, tirées des observations du chevalier de Forbin, l'un des
officiers français qui accompagnèrent le
P. Tachard à Siam. C'est un militaire qui
paraît très-sensé et très-instruit. Il reproche
au jésuite, non pas précisément de s'être
trompé sur les faits, mais de n'en avoir vu
que l'écorce, et d'avoir été trop ébloui du
faste extérieur qu'on affecta d'étaler à Siam
aux yeux des Français, et de n'avoir pas
assez distingué la cour d'avec la nation ;
d'avoir fait le panégyrique du roi et du
ministre en religieux courtisan, qui ne
voyait dans l'un qu'un néophyte qui allait
illustrer les disciples de Loyola, et dans

l'autre qu'un allié complaisant qui s'étudiait à flatter Louis XIV. La conversation très-curieuse de Forbin avec Louis XIV nous apprend ce qu'il faut penser de cette prétendue conversion du roi de Siam, et personne n'a mieux développé que lui le caractère du ministre Constance, et ses vues politiques et ambitieuses dans les caresses intéressées qu'il faisait à la nation française, et dans les adulations et les présens qu'il adressait à Louis XIV. Forbin avait eu le temps de bien connaître Siam, l'empereur et le ministre. Il était resté dans le pays pendant l'ambassade des Siamois en France, et Constance, qui ne se fiait pas à lui, avait empêché qu'il ne les suivît. Il l'avait retenu comme otage, et l'avait fait nommer gouverneur de Bancok, et grand-amiral général des armées du roi. Dans la suite, voyant le crédit que Forbin acquérait tous les jours près du roi, il s'était efforcé de le perdre par toutes sortes de moyens. Ce souvenir pouvait mettre un peu d'humeur dans la relation du chevalier de Forbin; mais on y remarque le ton de la vérité et de la raison,

17*

et d'ailleurs les faits ont justifié depuis tout ce qu'il a dit.

Constance, dit le chevalier de Forbin, n'oubliait rien de tout ce qui pouvait donner aux Français une grande idée du royaume : c'étaient des fêtes continuelles, ordonnées avec tout l'appareil imaginable. Il eut soin d'étaler à l'ambassadeur et à ceux de sa suite toutes les richesses du trésor royal, qui étaient en effet dignes d'un grand monarque, et capables d'imposer ; mais il n'eut garde de leur dire que cet amas d'or, d'argent et de pierreries était l'ouvrage d'une longue suite de rois qui avaient concouru à l'augmenter, l'usage étant à Siam que les rois ne s'illustrent qu'autant qu'ils augmentent considérablement ce trésor, sans qu'il leur soit jamais permis d'y toucher, quelque besoin qu'ils en puissent avoir d'ailleurs.

Constance leur fit visiter ensuite les plus belles pagodes de la ville, qui sont remplies de statues de plâtre, mais dorées avec tant d'art, qu'on les prendrait pour de l'or. Le ministre ne manqua pas de faire entendre qu'elles étaient toutes d'or, ce qui fut cru d'autant plus facilement, qu'on ne pouvait les approcher qu'à une certaine distance. Parmi ces statues, il y en avait une de hauteur colossale de quinze ou seize pieds, qu'on avait fait passer pour être de même métal que les autres. Le P. Tachard et l'abbé de Choisy y avaient été trompés, et ils ont si peu douté du fait, qu'ils l'ont rapporté dans leurs relations. Quelque temps après leur départ, un accident imprévu mit au jour l'imposture de Constance. La chapelle où cette grande statue était renfermée, s'écroulant tout-à-coup, brisa le colosse doré, qui se trouva n'être que de plâtre.

Les présens destinés au roi et à la cour de France pouvant contribuer au dessein que Constance se proposait, il épuisa le royaume pour les rendre en effet très-magnifiques. On peut dire, dans l'exacte vérité, qu'il porta les choses à l'excès, et que, non content d'avoir ramassé tout ce qu'il put trouver à Siam, il avait envoyé à la Chine et au Japon pour en faire venir tout ce qu'il y avait de plus rare et de plus curieux. Enfin, pour

ne rien laisser en arrière, il n'y eut pas jusqu'aux simples matelots qui ne se ressentis-
sent de ses largesses. Voilà comment l'ambassadeur et tous les Français furent trompés par cet habile ministre.

Forbin prétend, contre le sentiment du
P. Tachard, que Constance n'était point
d'extraction noble; qu'il était fils d'un ca-
baretier de Céphalonie; qu'étant parvenu à
gouverner le royaume de Siam, il n'avait
pu s'élever à ce poste et s'y maintenir sans
exciter contre lui la jalousie et la haine de
tous les mandarins, et du peuple même. Il
s'attacha d'abord au service du barcalon ou
premier ministre. Ses manières douces et
engageantes, un esprit propre pour les affaires, et que rien n'embarrassait, lui atti-
rèrent bientôt toute la confiance de son maître, qui le combla de biens, et qui le présenta au roi comme un sujet dont il pourrait
tirer d'utiles services. Ce prince ne le connut
pas long-temps sans prendre aussi confiance
en lui; mais, par une ingratitude qu'on ne
saurait assez détester, le nouveau favori,
qui ne voulait plus de concurrent dans les

bonnes graces du prince, abusant du pouvoir qu'il avait déjà auprès de lui, fit tant,
qu'il rendit le barcalon suspect, et qu'il engagea peu après le roi à se défaire d'un sujet fidèle qui l'avait toujours bien servi.
C'est par là que Constance, faisant de son
bienfaiteur la première victime qu'il immola
à son ambition, commença à se rendre
odieux à tout le royaume.

Les mandarins et les grands, irrités d'un
procédé qui leur donnait lieu de craindre à
tout moment pour eux-mêmes, conspirèrent
en secret contre le nouveau ministre, et se
proposèrent de le perdre auprès du roi;
mais il n'était plus temps, il disposait si fort
de l'esprit du prince, qu'il en coûta la vie à
plus de trois cents d'entre eux, qui avaient
voulu croiser sa faveur. Il sut ensuite si bien
profiter de sa fortune et des faiblesses de son
maître, qu'il ramassa des richesses immenses, soit par ses concussions et par ses violences, soit par le commerce dont il s'était
emparé, et qu'il faisait seul dans tout le
royaume. Tant d'excès, qu'il avait pourtant
toujours colorés du prétexte du bien public,

avaient soulevé tout le royaume contre lui ; mais personne n'osait encore se déclarer. Ils attendaient une révolution que l'âge du roi et sa santé chancelante leur faisaient regarder comme prochaine.

Constance n'ignorait pas leur mauvaise disposition à son égard ; il avait trop d'esprit, et il connaissait trop les maux qu'il leur avait faits pour croire qu'ils les eussent oubliés. Il savait d'ailleurs mieux que personne combien peu il avait à compter sur la faible constitution du prince ; il connaissait aussi tout ce qu'il avait à craindre d'une révolution, et il comprenait bien qu'il ne s'en tirerait jamais, s'il n'était appuyé d'une puissance étrangère qui le protégeât en s'établissant dans le royaume. C'était là en effet tout ce qu'il avait à faire, et l'unique but qu'il se proposait. Pour y parvenir, il fallait d'abord persuader au roi de recevoir dans ses états des étrangers, et de leur confier une partie de ses places. Ce premier pas ne coûta pas beaucoup à Constance ; le roi déférait tellement à tout ce que son ministre lui proposait, et celui-ci lui fit valoir si habilement tous les avantages d'une alliance avec des étrangers, que ce prince donna aveuglément dans tout ce qu'on voulut. La grande difficulté fut de se déterminer sur le choix du prince à qui on s'adresserait. Constance, qui n'agissait que pour lui, n'avait garde de songer à aucun prince voisin; le manque de fidélité est ordinaire chez eux, et il y avait trop à craindre qu'après s'être engraissés de ses dépouilles, ils ne le livrassent aux poursuites des mandarins, ou ne fissent quelque traité dont sa tête eût été le prix.

Les Anglais et les Hollandais ne pouvaient être attirés à Siam par l'espérance du gain, le pays ne pouvant fournir à un commerce considérable. Les mêmes raisons ne lui permettaient pas de s'adresser aux Espagnols ni aux Portugais; enfin, ne voyant point d'autre ressource, il crut que les Français seraient plus aisés à tromper. Dans cette vue, il engagea son maître à rechercher l'alliance du roi de France, par des ambassadeurs qu'il avait chargés en particulier d'insinuer que leur maître songeait à se faire chrétien, quoiqu'il n'en eût jamais eu la pensée. Le roi crut qu'il était de sa piété de concourir à cette bonne œuvre, en envoyant à son tour des ambassadeurs au roi de Siam. Constance, voyant qu'une partie de son projet avait si bien réussi, songea à tirer parti du reste. Il commença d'abord par s'ouvrir à M. de Chaumont, à qui il fit entendre que les Hollandais, dans le dessein d'agrandir leur commerce, avaient souhaité depuis long-temps un établissement à Siam; que le roi n'en avait jamais voulu entendre parler, craignant qu'ils ne se rendissent maîtres de ses états; mais que si le roi de France, sur la bonne foi de qui il y avait plus à compter, voulait entrer en traité avec sa majesté siamoise, il se faisait fort de lui faire remettre la forteresse de Bancok, place importante dans le royaume, et qui en est comme la clé, à condition toutefois qu'on y enverrait des troupes, des ingénieurs, et tout l'argent qui serait nécessaire pour commencer l'établissement.

M. de Chaumont et l'abbé de Choisy, à qui cette affaire avait été communiquée, ne la jugeant pas faisable, ne voulurent point s'en charger. Le père Tachard ne fit pas tant de difficultés. Ebloui d'abord par les avantages que le roi retirerait de cette alliance, avantages que Constance fit sonner bien haut et fort au-delà de toute vraisemblance; trompé d'ailleurs par ce ministre adroit et hypocrite, qui, cachant toutes ses menées sous une apparence de zèle, lui fit voir tout à gagner pour la religion, soit de la part du roi de Siam, qui, selon lui, ne pouvait manquer de se faire chrétien un jour, soit par rapport à la liberté qu'une garnison française à Bancok assurerait aux missionnaires pour l'exercice de leur ministère; flatté enfin par les promesses de Constance, qui s'engagea à faire un établissement considérable aux jésuites, à qui il devait faire bâtir un collége et un observatoire à Louvo; en un mot, ce père ne voyant rien dans tout ce projet que de très-avantageux pour le roi, pour la religion et pour sa compagnie, n'hésita pas de se charger de cette négociation : il se flatta même d'en venir à bout, et le promit à Constance, supposé que le P. de La Chaise voulût s'en mêler et employer son crédit auprès du roi. Dès-lors le P. Tachard eut tout le secret de l'ambassade, et il fut arrêté qu'il retournerait en France avec les ambassadeurs siamois.

« Après le départ des ambassadeurs, dit Forbin, je me rendis à Louvo avec Constance. A mon arrivée, je fus introduit dans le palais pour la première fois. La situation où je trouvai les mandarins me surprit extrêmement; et quoique j'eusse déjà un grand regret d'être demeuré à Siam, il s'accrut au double par ce que je vis. Tous ces mandarins étaient assis en rond sur des nattes de petit osier. Une seule lampe éclairait toute cette cour; et quand un mandarin voulait lire ou écrire quelque chose, il tirait de sa poche un bout de bougie jaune, l'allumait à cette lampe, et l'appliquait ensuite sur une pièce de bois, qui, tournant sur pivot, leur servait de chandelier.

« Cette décoration, si différente de celle de France, me fit demander à Constance si toute la grandeur de ces mandarins consis-

tait en ce que je voyais. Il me répondit
que oui. A cette réponse, me voyant interdit, il me tira à part, et me parlant plus
ouvertement qu'il n'avait fait jusqu'alors :
« Ne soyez pas surpris, me dit-il, de ce que
« vous voyez : ce royaume est pauvre, à la
« vérité; mais votre fortune n'en souffrira
« pas; j'en fais mon affaire. » Ensuite,
achevant de s'ouvrir à moi, nous eûmes
une longue conversation, dans laquelle il
me fit part de toutes ses vues. Cette conduite de Constance ne me surprit pas moins
que la misère des mandarins; car quelle
apparence qu'un si rusé politique dût s'ouvrir si facilement à un homme dont il ne
venait d'empêcher le retour en France que
pour n'avoir jamais osé se fier à sa discré-
tion? Mais il sentait qu'il n'avait plus rien
à craindre à cet égard dès qu'il me tenait
en sa puissance. Je continuai ainsi pendant
deux mois à aller tous les jours au palais,
sans qu'il m'eût été possible de voir le roi
qu'une seule fois. Dans la suite je le vis un
peu plus souvent. Ce prince me demanda
un jour si je n'étais pas bien aise d'être

resté à sa cour. Je ne me crus pas obligé de dire la vérité ; ainsi je lui répondis que je m'estimais fort heureux d'être au service de sa majesté. Il n'y avait pourtant rien au monde de si faux ; mon regret augmentait à chaque instant, surtout lorsque je voyais la rigueur dont les moindres fautes étaient punies.

« C'est le roi lui-même qui fait exécuter la justice : il a toujours auprès de lui quatre cents bourreaux qui composent sa garde ordinaire. Personne ne peut se soustraire à la sévérité de ses châtimens : les fils et les frères des rois n'en sont pas plus exempts que les autres. Les châtimens les plus communs sont de fendre la bouche jusqu'aux oreilles à ceux qui ne parlent pas assez, et de la coudre à ceux qui parlent trop. Pour des fautes assez légères, on coupe les cuisses à un homme ; on lui brûle les bras avec un fer rouge ; on lui donne des coups de sabre sur la tête, ou on lui arrache les dents. Il faut n'avoir presque rien fait pour n'être condamné qu'à la bastonnade, à porter la *cangue* au cou, ou à être exposé tête nue à l'ardeur du soleil. Pour ce qui est de se voir enfoncer sous les ongles des bouts de canne qu'on pousse jusqu'à la racine, mettre les pieds au *cep*, et plusieurs autres supplices de cette espèce, il n'y a presque personne à qui cela ne soit arrivé au moins quelques fois dans la vie. Surpris de voir les plus grands mandarins exposés à la rigueur de ces traitemens, je demandai à Constance si j'avais à les craindre pour moi. Il me répondit que non, et que cette sévérité n'avait pas lieu pour les étrangers ; mais il mentait, car il avait eu lui-même la bastonnade sous le ministre précédent, comme je l'appris depuis.

« Le roi me fit donner une fort petite maison ; on y mit trente-six esclaves pour me servir, et deux éléphans. La nourriture de tout mon domestique ne me coûtait que cinq sous par jour, tant les hommes sont sobres dans ce pays et les denrées à bon marché : j'avais ma table chez Constance. Ma maison fut garnie de meubles peu considérables ; on y ajouta douze assiettes d'argent, deux grandes coupes de même métal,

le tout fort mince ; quatre douzaines de serviettes de toile de coton, et deux bougies
de cire jaune par jour. Ce fut tout l'équipage de *M. le grand-amiral général des
armées du roi*. Il fallut pourtant s'en contenter. Quand le roi allait à la campagne
ou à la chasse aux éléphans , il fournissait
à la nourriture de ceux qui le suivaient ; on
nous servait alors du riz et quelques ragoûts
à la siamoise, dont un Français peu accou-
tumé à ces sortes de mets ne pouvait guère
s'accommoder. A la vérité, Constance , qui
suivait presque toujours, avait soin de faire
porter de quoi mieux manger; mais quand
des affaires particulières le retenaient chez
lui, j'avais beaucoup de peine à me contenter de la cuisine du roi.

« Souvent, dans ces sortes de divertissemens, le roi me faisait l'honneur de s'entretenir avec moi ; je lui répondais par l'interprète que Constance m'avait donné. Comme
ce prince me témoignait beaucoup de bien-
veillance, je me hasardais quelquefois à des
libertés qu'il me passait, mais qui auraient
mal réussi à tout autre. Un jour qu'il vou-

lait faire châtier un de ses domestiques pour avoir oublié un mouchoir, ignorant les coutumes du pays, et étant d'ailleurs bien aise d'user de ma faveur pour rendre service à ce malheureux, je m'avisai de demander grace pour lui. Le roi fut surpris de ma hardiesse, et se mit en colère contre moi ; Constance, qui en fut témoin, pâlit, et appréhenda de me voir sévèrement punir : je ne me déconcertai point, et je dis à ce prince que le roi de France, mon maître, était charmé qu'en lui demandant grace pour les coupables, on lui donnât occasion de faire éclater sa modération et sa clémence ; et que ses sujets, reconnaissans des graces qu'il leur faisait, le servaient avec plus de zèle et d'affection, et étaient toujours prêts à exposer leur vie pour un prince qui se rendait si aimable par sa bonté. Le roi, charmé de ma réponse, fit grace au coupable, disant qu'il voulait imiter le roi de France ; mais il ajouta que cette conduite, qui était bonne pour les Français, naturellement généreux, serait dangereuse pour les Siamois, ingrats, qui ne pouvaient être contenus que par la sévérité des châtimens. Cette aventure fit du bruit dans le royaume, et surprit les mandarins : ils comptaient que j'aurais la bouche cousue pour avoir parlé mal à propos. Constance même m'avertit en particulier d'y prendre garde à l'avenir, et blâma fort ma vivacité, qu'il accusa d'imprudence ; mais je lui répondis que je ne pouvais m'en repentir, puisqu'elle m'avait réussi si heureusement.

« En effet, loin de me nuire, je remarquai que depuis ce jour le roi prenait plus de plaisir à s'entretenir avec moi. Je l'amusais en lui faisant mille contes que j'accommodais à ma manière, et dont il paraissait fort satisfait. Il est vrai qu'il ne me fallait pas pour cela de grands efforts, ce prince étant grossier et fort ignorant. Un jour qu'étant à la chasse, il donnait ses ordres pour la prise d'un petit éléphant, il me demanda ce que je pensais de cet appareil. « Sire, lui répondis-je, en voyant votre « majesté entourée de tout ce cortége, il « me semble voir le roi mon maître à la

« tête de ses troupes, donnant ses ordres
« et disposant toutes choses dans un jour
« de combat. » Cette réponse lui fit plaisir; je l'avais prévu, car je savais qu'il n'ai-
mait rien tant que d'être comparé à Louis-
le-Grand; et en effet, cette comparaison,
qui ne roulait que sur la grandeur et la
pompe extérieure des deux princes, n'était
pas absolument sans justesse, y ayant peu
de spectacles plus superbes que les sorties
du roi de Siam; car, quoique le royaume
soit pauvre et qu'on n'y voie aucun vestige
de magnificence, lorsque le prince se mon-
trait en public, il paraissait avec toute la
pompe convenable à la majesté d'un grand
monarque. »

Laissons achever au chevalier de Forbin
une peinture dont il rassemble ici tous les
traits dans les entretiens qu'il eut avec
Louis xiv et avec ses ministres sur le royaume de Siam : « Sa majesté, dit-il, me demanda d'abord si le pays était riche : Sire,
lui répondis-je, le royaume de Siam ne
produit rien et ne consomme rien. *C'est
beaucoup dire en peu de mots*, répliqua le

roi ; et continuant à m'interroger , il voulut savoir quel en était le gouvernement, comment le peuple vivait , et d'où le roi tirait tous les présens qu'il avait envoyés en France. Je répondis à sa majesté que le peuple était fort pauvre ; qu'il n'y avait parmi eux ni noblesse ni condition , naissant tous esclaves du roi, pour lequel ils étaient obligés de travailler une partie de l'année , à moins qu'il ne voulût bien les en dispenser en les élevant à la dignité de mandarins ; que cette dignité , qui les tirait de la poussière , ne les mettait pas à couvert de la disgrace du prince , dans laquelle ils tombaient fort facilement , et qui était toujours suivie de châtimens rigoureux ; que le barcalon lui-même , tout premier ministre qu'il fût, y était aussi exposé que les autres ; qu'il ne se soutenait dans ce poste périlleux qu'en rampant devant son maître comme le dernier du peuple ; que, s'il lui arrivait d'encourir sa disgrace, le traitement le plus doux qu'il pût attendre , c'était d'être envoyé à la charrue , après avoir été sévèrement châtié ; que les habitans ne se

nourrissaient que de quelques fruits et du riz,
qu'ils ont en abondance, sans oser toucher à
rien qui ait eu vie, de peur de manger leurs
parens; qu'à l'égard des présens que le roi de
Siam avait envoyés à sa majesté, Constance
avait épuisé l'épargne, et fait des dépenses
qu'il ne lui serait pas aisé de réparer; que
le royaume de Siam, qui forme presque
une péninsule, pouvait être un entrepôt
fort commode pour faciliter le commerce
des Indes, étant baigné par deux mers qui
lui ouvrent la communication avec divers
pays, tant à l'orient qu'à l'occident; que
les marchandises de ces nations étaient trans-
portées chaque année à Siam, comme une
espèce de marché où les Siamois faisaient
quelque profit en débitant leurs denrées;
que le principal revenu du roi consistait
dans le commerce, qu'il faisait presque tout
entier dans son royaume, où l'on ne trouve
que du riz, de l'arec, peu d'étain, quelques éléphans, et quelques peaux de bêtes
fauves dont le pays est rempli; que les
Siamois, qui vont presque nus, un morceau de toile de coton leur ceignant seule-

ment les reins, n'ont aucune sorte de manufactures, si ce n'est de quelques mousselines, dont les mandarins seuls ont le droit
de se faire comme une espèce de chemisette
qu'ils mettent aux jours de cérémonie ; que
lorsqu'un mandarin est parvenu par son
adresse à amasser une petite somme d'argent, il faut qu'il la tienne bien cachée,
sans quoi le prince la lui ferait enlever ;
que personne ne possédant de biens-fonds,
qui appartiennent tous au roi, la plus
grande partie demeure en friche ; et qu'enfin le peuple y est si sobre, qu'un particulier qui peut gagner quinze ou vingt francs
par an a plus qu'il ne lui en faut pour
vivre.

« Après quelques éclaircissemens sur les
monnaies de Siam, le roi, me mettant sur
le chapitre de la religion, me demanda s'il
y avait beaucoup de chrétiens dans ce
royaume, et si le roi songeait sérieusement
à se faire chrétien lui-même. « Sire, lui
« répondis-je, ce prince n'y a jamais pen
« sé, et aucun mortel ne serait assez hardi
« pour lui en faire la proposition. » Il est

vrai que M. de Chaumont, dans la harangue qu'il lui fit lors de sa première audience, parla beaucoup de religion; mais Constance, qui lui servait d'interprète, omit adroitement cet article. Le vicaire apostolique, qui était présent, et qui entendait parfaitement le siamois, le remarqua fort bien, quoiqu'il n'osa jamais en rien dire, crainte de fâcher ou de s'attirer l'indignation de Constance, qui ne lui aurait pas pardonné, s'il en eût ouvert la bouche. J'ajoute que, dans les audiences particulières que M. de Chaumont eut pendant le cours de son ambassade, il en revenait incessamment à la religion chrétienne; et que Constance, qui était toujours l'interprète, jouait en homme d'esprit deux personnages, disant au roi de Siam ce qui le flattait, et répondant à l'ambassadeur ce qui était convenable, sans que, de la part du roi ni de celle de M. de Chaumont, il n'y eût rien de conclu que ce qu'il plaisait à Constance de faire entendre à l'un et à l'autre; que je tenais encore ce fait du vicaire apostolique même qui avait assisté à tous leurs entretiens particuliers, et qui s'en était ouvert à moi dans une grande confidence. Le roi, qui m'avait écouté fort attentivement, surpris de ce discours, se mettant à rire : « Les princes, me dit-il, « sont bien malheureux d'être obligés de « s'en rapporter à des interprètes, souvent « infidèles. »

Ce prince me demanda ensuite si les missionnaires travaillaient avec fruit, et s'ils avaient déjà converti beaucoup de Siamois. Pas un seul, sire, lui répondis-je; mais comme la plus grande partie des peuples qui habitent ce royaume n'est qu'un amas de différentes nations, et qu'il y a parmi les Siamois un nombre assez considérable de Portugais, de Cochinchinois et de Japonais qui sont chrétiens, les missionnaires en prennent soin, et leur administrent les sacremens; ils vont d'un village à l'autre, et s'introduisent dans les maisons à la faveur de la médecine qu'ils exercent, et de petits remèdes qu'ils distribuent; mais avec tout cela leur industrie a été jusqu'ici en pure perte. Leur plus heureux sort est de baptiser les enfans que les Siamois, qui sont fort pauvres, exposent sans crime dans les campagnes. C'est au baptême de ces enfans que se réduit tout le fruit que les missions produisent dans ce pays.

« Le père de La Chaise, confesseur du roi, ayant témoigné qu'il souhaitait aussi de m'entretenir sur cet objet, je fus introduit auprès de sa révérence. On m'avait averti de veiller sur moi-même, parce que je devais paraître devant l'homme le plus fin du royaume ; mais je n'avais que des vérités à lui dire. Ce père ne me parla presque que de religion, et du louable dessein du roi de Siam, qui voulait retenir des jésuites dans ses états, en leur permettant de bâtir un collége et un observatoire. Je lui dis là-dessus que Constance ayant besoin du secours de sa majesté, promettait plus qu'il ne pouvait tenir ; que le collége et l'observatoire se bâtiraient peut-être pendant la vie du roi de Siam ; que les jésuites y seraient nourris et entretenus ; mais que si ce prince venait à mourir, on pouvait se préparer en France à chercher des fonds pour la subsistance de ces pères, y ayant peu d'apparence qu'un nouveau roi voulût y contribuer de ses revenus. Quand le père de **La Chaise** m'eut entendu parlé de la sorte : *Vous n'êtes pas d'accord*, me dit-il, *avec le père Tachard.* Je lui répondis que je ne disais que la pure vérité ; que j'ignorais ce que le père Tachard avait dit, et les motifs qui l'avaient fait parler ; mais que son amitié pour Constance, qui avait eu ses raisons pour le séduire, pouvait bien l'avoir aveuglé, et ensuite le rendre suspect ; que pendant le peu de temps qu'il était resté à Siam avec M. de Chaumont, il avait su s'attirer toute la confiance du ministre, à qui il avait même servi de secrétaire français dans certaines occasions ; et que j'avais vu moi-même des brevets écrits de la main de ce père, et signés par *monseigneur*, et plus bas *Tachard.* A ce mot le révérend père ne put s'empêcher de rire ; mais reprenant un moment après sa contenance grave et modeste, qu'il quittait rarement, il me fit encore d'autres questions sur les progrès du christianisme, auxquelles il me fut aisé de satisfaire.

« Au sortir du dîner du roi, M. de Seignelay m'avait fait passer dans son cabinet, où il m'interrogea fort au long sur ce qui pouvait concerner l'intérêt du roi et celui du commerce. Je lui répondis à ce dernier égard comme j'avais fait à sa majesté : que le royaume de Siam, ne produisant rien, ne pouvait servir que d'entrepôt pour faciliter le commerce de la Chine, du Japon et des autres états des Indes; que, cela supposé, l'établissement qu'on avait commencé, en y envoyant des troupes, devenait absolument inutile, celui que la compagnie y avait déjà étant plus que suffisant pour cet effet; qu'à l'égard de la forteresse de Bancok, elle demeurerait aux Français durant la vie du roi de Siam et de Constance; mais que, l'un des deux venant à mourir, les Siamois, sollicités par leur propre intérêt et par les ennemis de la France, ne manqueraient pas de chasser nos troupes d'une place qui les rendait maîtres du royaume. »

Nous joindrons ici le détail d'une expédition du chevalier de Forbin contre des Macassars, pendant qu'il commandait à Bancok. Ce récit servira à faire connaître davantage ces peuples singuliers et redoutables, dont il a déjà été question à l'article de l'île *Célèbes.*

Un prince macassar, fuyant la colère du roi son frère, et suivi d'environ trois cents des siens, était venu, depuis quelques années, demander un asile au roi de Siam, qui, touché de son malheur, le reçut avec bonté, et lui assigna un quartier hors de l'enceinte de la capitale, pour s'y établir avec sa nation, près du camp des Malais, qui étaient mahométans comme eux. Mais ce prince, naturellement inquiet et ambitieux, poussa l'ingratitude jusqu'à conspirer deux fois contre son bienfaiteur, qui lui pardonna la première, mais qui fut obligé d'en faire justice à la seconde. Les Macassars avaient entraîné les Malais dans leur révolte. Leurs complots furent découverts et prévenus, et les Malais obtinrent grace en se soumettant.

Les seuls Macassars ne purent se résoudre à cette soumission, et s'obstinèrent à périr. Leur prince fut plusieurs fois sommé de la part du roi de venir rendre raison de sa conduite, mais il refusa constamment de le faire. Il s'excusait sur ce qu'il n'était point entré, disait-il, dans la conspiration, quoiqu'on l'en eût fort pressé; et que s'il avait commis quelque faute, c'était de n'avoir pas découvert les auteurs d'un si pernicieux dessein; mais que sa qualité de prince était suffisante pour le disculper de n'avoir pas fait l'odieux métier d'espion, ni trahi des amis qui lui avaient confié un secret de cette importance. Une si mauvaise réponse fit prendre au roi la résolution de se servir de la voie des armes. On connaissait assez le caractère de cette nation pour juger qu'on n'en viendrait pas aisément à bout; ainsi il fallut faire des préparatifs pour les forcer. Ces mesures, loin de les intimider, parurent ranimer leur courage; et une action qui se passa à Bancok quelque temps avant qu'on les attaquât les rendit encore plus fiers. Laissons parler ici le chevalier de Forbin.

« Bancok, dont le roi m'avait nommé gouverneur, était une place trop importante pour l'abandonner dans des conjonctures si périlleuses. J'eus ordre de m'y rendre incessamment, de faire achever au plus tôt les fortifications, de travailler à de nouvelles levées de soldats siamois, jusqu'à la concurrence de deux mille hommes, et de les dresser à la manière de France. Pour subvenir aux frais que je devais faire, Constance eut ordre de me compter cent *catis*, qui reviennent à la somme de quinze mille livres de France; mais le ministre ne m'en paya qu'une partie, et me fit un billet pour le reste, sous prétexte qu'il ne se trouvait pas assez d'argent en caisse. Le roi voulant que je fusse obéi et respecté dans mon gouvernement, me donna quatre de ses bourreaux pour faire justice; ce qui ne s'étendait cependant qu'à la bastonnade, n'y ayant d'ordinaire que le roi, ou en certaines occasions son premier ministre, qui puisse condamner à mort.

« Le capitaine d'une galère de l'île de Macassar, qui était venu à Siam pour commercer, et qui avait part à la conjuration, la voyant manquée, s'était retiré sur son bord, résolu de s'en retourner ou de vendre chèrement sa vie, si l'on entreprenait de le forcer. Constance, charmé de pouvoir séparer les ennemis, lui fit expédier un passeport pour sortir librement du royaume lui et sa troupe, qui montait à cinquante-trois hommes; mais en même temps il me dépêcha un courrier, avec ordre de la part du roi de tendre la chaîne au travers de la rivière, d'arrêter ce bâtiment, où je devais entrer pour faire l'inventaire de sa charge, et de me saisir ensuite du capitaine et de tous ses gens, pour les retenir prisonniers jusqu'à nouvel ordre, me défendant expressément de communiquer à personne ceux que je recevais, parce que des raisons d'état demandaient un secret inviolable sur ce point. C'est ainsi qu'il m'envoyait à la boucherie, en me prescrivant pas à pas ce que j'avais à faire pour périr infailliblement.

« En attendant l'arrivée de la galère, je m'occupais à exercer les troupes que j'avais eu ordre de lever. Je divisai mes nouveaux soldats en compagnies de cinquante hommes ; je mis à la tête de chaque compagnie trois officiers et dix bas-officiers, et je m'appliquai avec tant de soin à les former, à l'aide d'un sergent français et de quelques soldats portugais qui entendaient la langue siamoise, qu'en moins de six jours ils furent en état de faire le service militaire. Comme je n'avais point de prison où je pusse retenir les Macassars, j'en fis promptement construire une, joignant la courtine sur le devant du nouveau fort, et je la fortifiai de manière qu'avec quelques soldats il aurait été aisé d'y garder une cinquantaine de prisonniers.

« Enfin la galère parut le 27 août, vingt jours après l'ordre que j'avais eu de l'arrêter, sans que pendant tout ce temps la chaîne eût été détendue, crainte de surprise. Dans le plan que je m'étais formé pour m'acquitter sûrement de ma commission, je m'étais un peu écarté des instructions de Constance ; et au lieu d'aller à bord tandis que les Macassars en seraient les maîtres , je résolus de les engager plutôt à descendre, et de les arrêter d'abord, pour travailler ensuite à l'inventaire de leurs effets. Dans cette vue, je postai des soldats en différens endroits, pour les investir dès que j'en ferais donner l'ordre. La galère ayant trouvé le passage fermé à son arrivée, le capitaine vint à terre avec sept de ses gens, qui furent conduits dans le vieux fort où je les attendais dans un grand pavillon de bambou, que j'avais fait construire sur un des bastions. A mesure qu'ils entrèrent, je leur fis civilité, et les priai de s'asseoir autour d'une table où je mangeais ordinairement avec mes officiers.

« Le capitaine répondit à mes interrogations qu'il venait de Siam , et qu'il retournait à l'île de Macassar; en même temps il me présenta son passeport, que je fis semblant d'examiner, et je lui dis qu'il était fort bon; mais j'ajoutai qu'étant étranger et nouvellement au service du roi, je devais être plus attentif qu'un autre à exécuter fidèlement ses ordres; que j'en avais reçu de très-rigoureux à l'occasion de la révolte dont il était sans doute informé, pour empêcher qu'aucun Siamois ne sortît du royaume. Le capitaine m'ayant répondu qu'il n'avait avec lui que des Macassars, je lui répliquai que je ne doutais nullement de la vérité de ce qu'il me disait, mais qu'étant environné de Siamois qui observaient toutes mes actions, je le priais, afin que la cour n'eût rien à me reprocher, de faire mettre tout son monde à terre; et qu'après qu'ils auraient été reconnus pour Macassars, ils seraient libres de continuer leur voyage. Le capitaine y consentit, à condition qu'ils descendraient armés. Je lui demandai en souriant si nous étions donc en guerre. Non, me répondit-il, mais le cric que nous portons est une si grande marque d'honneur parmi nous, que nous ne saurions le quitter sans infamie. Cette raison étant sans réplique, je m'y rendis, ne comptant pas qu'une arme, qui me paraissait si méprisable, fût aussi dangereuse dans les mains des Macassars que je l'éprouvai bientôt après.

« Tandis que le capitaine détacha deux

de ses hommes pour aller chercher les autres, je lui fis servir du thé, afin de l'amu-
ser en attendant qu'on vînt m'avertir que
tout le monde serait à terre. Comme ils
tardaient trop à mon gré, je feignis d'avoir
quelques ordres à donner, et je sortis après
avoir prié un des mandarins présens de tenir ma place. Mes Siamois, attentifs à tout
ce qui se passait, étaient fort en peine de
savoir à quoi je destinais les troupes que
j'avais postées de côté et d'autre. En sortant
du pavillon, je trouvai un vieil officier portugais que j'avais fait major, et qui attendait
mes ordres; je lui commandai d'aller avertir mes autres officiers de se tenir prêts; et
dès que les Macassars auraient passé un endroit que je lui marquai, de les investir, de
les désarmer, et de les arrêter jusqu'à nouvel ordre.

« L'officier portugais, effrayé de ce qu'il
venait d'entendre, me représenta que la
chose n'était pas faisable; que je ne connais-
sais pas comme lui les Macassars, qui étaient
des hommes imprenables, qu'il fallait tuer
pour s'en rendre maître. « Je vous dirai

« bien plus, ajouta-t-il; c'est que, si vous
« faites mine de vouloir arrêter le capitaine
« qui est dans le pavillon, lui et ce peu
« d'hommes qui l'accompagnent nous mas-
« sacreront tous, sans qu'il en échappe un
« seul. » Je ne fis pas d'abord tout le cas
que je devais de cet avis; et persistant dans
mon projet, dont l'exécution me paraissait
assez facile, je réitérai les mêmes ordres au
major, qui s'en ella fort chagrin, me re-
commandant encore en partant de bien
prendre garde à ce que je faisais, et que
j'en serais infailliblement la victime.

« Le zèle de cet officier, dont la bra-
voure m'était d'ailleurs connue, me fit faire
quelques réflexions. Pour ne rien donner
au hasard, je fis monter vingt soldats siamois, dont la moitié étaient armés de lances
et les autres de fusils, et m'étant avancé
vers l'entrée du pavillon, qui était fermé
d'un simple rideau que j'avais fait tirer,
j'ordonnai à un mandarin qui me servait
d'interprète d'aller de ma part dire au capitaine que j'étais mortifié d'être obligé de
l'arrêter, mais qu'il recevrait toute sorte de

bons traitemens. Ce pauvre mandarin n'eut pas plus tôt pronocé ces mots, que les six Macassars, ayant jeté leurs bonnets par terre, mirent le cric à la main, et s'élançant comme un éclair, tuèrent dans un instant, et l'interprète et six autres mandarins qui étaient restés dans le pavillon. Voyant ce carnage, je me retirai auprès de mes soldats; saisissant la lance de l'un d'eux, je commandais aux mousquetaires de faire feu sur les Macassars.

« Dans le même temps, un de ces six enragés vint sur moi le cric à la main; je lui plongeai ma lance dans l'estomac; le Macassar, comme s'il eût été insensible, avançait toujours, en s'enfonçant de plus en plus le fer de la lance que je lui tenais dans le corps, et faisant des efforts incroyables pour parvenir jusqu'à moi afin de me percer. Il l'aurait fait infailliblement, si la garde qui était vers le défaut de la lance, ne l'eût retenu. Tout ce que j'eus de mieux à faire fut de reculer, appuyant toujours sur ma lance, sans oser jamais la retirer pour redoubler le coup. Enfin, je fus secouru par d'autres lanciers, qui achevèrent de le tuer.

« Des six Macassars, quatre furent tués dans le pavillon, ou du moins on les crut morts ; les deux autres, dont l'un était le capitaine, quoique blessés, se sauvèrent par une fenêtre en sautant du haut du bastion en bas. La hardiesse, ou plutôt la rage de ces six hommes, m'ayant fait connaître que l'officier portugais m'avait dit vrai, et qu'ils étaient en effet imprenables, je commençai à craindre les quarante-sept autres qui étaient en marche. Dans cette fâcheuse situation, je changeai l'ordre que j'avais donné de les arrêter ; et, reconnaissant qu'il n'y avait pas d'autre parti à prendre, je résolus de les faire tous tuer, s'il était possible : dans cette vue, j'envoyai et j'allai moi-même de tous côtés, pour faire assembler les troupes.

« Cependant les Macassars, qui avaient mis pied à terre, marchaient vers le fort. J'envoyai ordre à un capitaine anglais, que Constance avait mis à la tête d'une compagnie de Portugais, d'aller leur couper le chemin, de les empêcher d'avancer, et en cas de refus, de tirer dessus : ajoutant que je serais à lui dans un instant pour le soutenir, avec tout ce que je pourrais ramasser de troupes. Sur la défense que l'Anglais leur fit de passer outre, ils s'arrêtèrent tout court, tandis que je faisais avancer mes nouveaux soldats, qui étaient armés de fusils et de lances, mais sans expérience; de sorte qu'il y avait peu à compter sur eux. Nous nous arrêtâmes à cinquante pas des Macassars. Après quelques pourparlers, je leur fis dire que, s'ils voulaient, il leur serait libre de retourner dans leur galère, comptant qu'il me serait alors aisé de les faire tous tuer à coups de fusil. Leur réponse fut qu'ils étaient contens de retourner à bord, pourvu qu'on leur rendît leur capitaine, sans lequel ils ne se rembarqueraient jamais.

« Le capitaine anglais, ennuyé de toutes ces longueurs, me fit savoir qu'il allait faire lier tous ces misérables ; et, sans attendre ma réponse, il marcha à eux avec beaucoup d'imprudence. Au premier mouvement qu'ils lui virent faire, les Macassars, qui jusque là s'étaient tenus accroupis à leur manière, se levèrent tout-à-coup; et, s'enveloppant le bras gauche de l'espèce d'écharpe qu'ils portent autour des reins pour leur servir de bouclier, ils fondirent, le cric à la main, avec tant d'impétuosité sur les Portugais, qu'ils les avaient mis en pièces presque avant que nous nous fussions aperçus de l'attaque; ensuite, sans reprendre haleine, ils poussèrent vers les troupes que je commandais. Quoique j'eusse plus de mille soldats armés de lances et de fusils, la frayeur dont ils furent saisis les mit en déroute. Les Macassars leur passèrent sur le ventre, tuant à droite et à gauche tous ceux qu'ils pouvaient joindre. Ils nous eurent bientôt poussés jusqu'au pied de la muraille du nouveau fort. Six d'entre eux, plus acharnés que les autres, poursuivirent les fuyards, et firent partout un carnage horrible, sans distinction d'âge ni de sexe.

« Dans cet embarras, ne pouvant plus retenir le gros des troupes, je les laissai fuir, et je gagnai le bord du fossé, résolu de sauter dedans si j'étais poursuivi. Ce fossé étant plein de vase, je comptais qu'ils ne pourraient pas venir à moi avec leur vitesse ordinaire, et que j'en aurais meilleur marché; ils passèrent à six pas de moi sans m'apercevoir, trop occupés à égorger mes malheureux Siamois, dont pas un ne songea seulement à faire face pour se défendre, tant ils étaient saisis. Enfin, ne voyant aucun moyen pour les rallier, je gagnai la porte du nouveau fort, qui n'était fermée que d'une barrière, et je montai sur un bastion d'où je fis tirer quelques coups de fusil sur les ennemis qui, se trouvant maîtres du champ de bataille, et n'ayant plus personne à tuer, se retirèrent sur le bord de la rivière.

« Après avoir conféré quelques momens entre eux, n'écoutant plus que leur désespoir, et résolus de se mettre dans la nécessité de combattre, ils regagnèrent leur galère, qu'ils brûlèrent, après s'être armés de boucliers, et de lances, et descendirent de nouveau à terre, dans le dessein de faire main-basse sur tout ce qui se présenterait à eux. Ils commencèrent par brûler toutes les maisons des soldats, et, remontant sur le bord de la rivière, ils attaquèrent et tuèrent indistinctement tout ce qu'ils trouvèrent sur leur passage. Tant de meurtres répandirent tellement l'alarme dans les environs, que la rivière fut bientôt couverte d'hommes et de femmes qui portaient leurs enfans sur le dos, et se sauvaient à la nage.

« Touché de ce spectacle, et indigné de ne voir que des cadavres dans l'endroit où j'avais laissé tant de soldats, je ramassai une vingtaine d'hommes armés de fusils, et je m'embarquai avec eux sur un ballon pour suivre ces désespérés. Les ayant joints à une lieue du fort, mon feu les obligea de s'éloigner de la rivière, et de se retirer dans les bois voisins ; comme je n'avais pas assez de monde pour les poursuivre, je pris le parti de retourner au fort.

« A mon arrivée, j'appris que les six Macassars qui avaient passé de l'autre côté, s'étaient emparés d'un couvent de talapoins, dont ils avaient tué tous les moines, avec un mandarin de distinction, dans le corps duquel l'un d'eux avait laissé son cric qu'on me présenta. J'y courus avec quatre-vingts de mes soldats, qui, ne sachant pas encore manier le fusil, n'étaient armés que de lances. Je trouvai en arrivant que les Siamois, ne pouvant plus se défendre, avaient été réduits à mettre le feu au couvent. On me dit que les Macassars s'étaient jetés à quelques pas de là dans un champ plein d'herbes hautes et épaisses, où ils se tenaient accroupis; j'y conduisis ma troupe, dont je formai deux rangs bien serrés, menaçant de tuer le premier qui ferait mine de fuir. Mes lanciers ne marchaient d'abord que pas à pas et comme à tâtons; mais peu à peu ma présence les rassura.

« Le premier Macassar que nous trouvâmes se dressa sur ses pieds comme un furieux, et élevant son cric, allait se jeter sur mes gens; mais je le prévins en lui brûlant la cervelle. Quatre autres furent tués successivement par mes Siamois, qui ne s'ébranlèrent point dans cette occasion, donnant à grands coups de lance sur ces malheureux, dont le courage leur faisait préférer la mort à la retraite. Comme je songeais à m'en retourner, je fus averti qu'il restait encore un sixième Macassar; c'était un jeune homme, le même qui avait laissé son cric dans le corps du mandarin tué au couvent des talapoins; on se mit de nouveau à le chercher dans les herbes. J'ordonnai à mes soldats de ne le point tuer, puisqu'ils pouvaient le prendre vif sans résistance; mais ils étaient si animés que, l'ayant trouvé, ils le percèrent de mille coups.

« De retour au fort, j'assemblai tous les mandarins pour me concerter avec eux sur le parti qu'il y avait à prendre par rapport aux autres Macassars. Il fut résolu qu'on assemblerait le plus de troupes qu'on pourrait, et que nous leur donnerions la chasse, dès que nous serions informés du lieu de leur retraite. Je trouvai que le nombre de nos morts, dans cette malheureuse journée, se montait à trois cent soixante-six hommes. Les ennemis n'en avaient perdu que dix-sept, savoir : six dans le petit fort, six aux environs du couvent des talapoins, et cinq sur le champ de bataille.

« Le lendemain de mon arrivée au fort,

je reçus avis qu'un des six Macassars qui
avaient combattu dans le pavillon n'était
pas mort : quelques soldats siamois l'avaient
saisi, et, de peur qu'il ne leur échappât,
ils en avaient fait comme un peloton à force
de le lier. J'allai le voir pour le question-
ner et pour en tirer, s'il était possible, quelques éclaircissemens. Ce démon (car la force
et la patience humaine ne vont pas si loin)
avait passé toute la nuit dans la fange,
blessé de dix-sept coups de lance. Je lui fis
quelques questions; mais il me répondit
qu'il ne pouvait me satisfaire qu'auparavant
je l'eusse fait détacher. Il n'y avait pas à
craindre qu'il échappât. J'ordonnai au sergent français que j'avais mené avec moi de
le délier. Celui-ci posa sa hallebarde contre
un arbre assez près du blessé; et le jugeant
hors d'état de rien entreprendre après l'a-
voir détaché, il laissa cette arme dans l'endroit où il l'avait mise d'abord. A peine le
Macassar fut-il en liberté d'agir, qu'il commença à alonger les jambes et à remuer les
bras comme pour les dégourdir. Je m'aperçus qu'en répondant aux questions que je

lui faisais, il se retournait, et, tâchant de gagner terrain, s'approchait insensiblement de la hallebarde pour s'en saisir. Je connus son dessein ; et m'adressant au sergent : « Tiens-toi près de ta hallebarde, lui dis- « je ; voyons jusqu'où cet enragé poussera « l'audace. » Dès qu'il fut à portée, il ne manqua pas de se jeter dessus pour la saisir en effet ; mais, ayant plus de courage que de force, il se laissa tomber presque mort sur le visage. Alors voyant qu'il n'y avait rien à espérer de lui, je le fis achever sur-le-champ.

« J'étais frappé de tout ce que j'avais vu faire à ces hommes, qui me paraissaient si différens de tous les autres, et je souhaitai d'apprendre d'où pouvait venir à ces peuples tant de courage, ou pour mieux dire tant de férocité. Des Portugais, qui demeuraient dans les Indes depuis l'enfance, me dirent que ces peuples étaient habitans de l'île de Célèbes ou Macassar ; qu'ils étaient mahométans schismatiques et très-superstitieux ; que leurs prêtres leur donnaient des lettres écrites en caractères magiques, qu'ils leur attachaient eux-mêmes au bras, en les assurant que, tant qu'ils les porteraient sur eux, ils seraient invulnérables; qu'un point particulier de leur créance, qui consiste à être persuadés que tous ceux qu'ils pourront tuer sur la terre, hors les mahométans, seront autant d'esclaves qui les serviront dans l'autre monde, ne contribuait pas peu à les rendre cruels et intrépides. Enfin ils ajoutèrent qu'on leur imprimait si fortement dès l'enfance ce qu'on appelle le point d'honneur, qui se réduit parmi eux à ne se rendre jamais, qu'il n'y avait point d'exemple qu'aucun y eût encore contrevenu. Plein de ces idées, ils ne demandent ni ne donnent jamais de quartier; dix Macassars, le cric à la main, attaqueraient cent mille hommes. Il n'y a pas lieu d'en être surpris : des gens imbus de tels principes ne doivent rien craindre, et ce sont des hommes bien dangereux. Ces insulaires sont d'une taille médiocre, basanés, agiles et vigoureux; leur habillement consiste en une culotte fort étroite, une chemisette de coton, blanche ou grise, un bonnet d'étoffe bordé d'une bande de toile large d'environ trois doigts : ils vont les jambes nues, les pieds dans des *babouches*, et se ceignent les reins d'une écharpe, dans laquelle ils passent leur arme diabolique. Tels étaient ceux à qui j'avais eu affaire, et qui me tuèrent misérablement tant de monde.

« Je rendis compte à Constance de cette malheureuse aventure. Quoique sa manœuvre ne m'eût que trop manifesté sa mauvaise volonté à mon égard, je crus qu'il ne convenait pas de lui en témoigner du ressentiment; je lui écrivis donc simplement pour lui faire un détail bien circonstancié de tout ce qui m'était arrivé. Je l'avertis en même temps de prendre garde au reste des Macassars qui étaient retranchés dans leur camp, et de profiter de mon exemple. Ayant reçu ma relation, il fit entendre au roi tout ce qu'il voulut; et comme je m'étais sans doute trop bien conduit à son gré, il me répondit par une lettre pleine de reproches, m'accusant d'imprudence et d'avoir été la cause de tout ce massacre; il finissait en me donnant ordre, non d'arrêter les Macassars comme la première fois , mais d'en faire mourir autant que je pourrais.

« Je n'avais pas attendu ses instructions sur ce point. Dès le lendemain de notre déroute, ayant encore assemblé tous les mandarins, je leur avais distribué des troupes, avec ordre de se tenir sur les avenues pour empêcher que les ennemis, qui avaient gagné les bois, ne revinssent jeter de nouveau l'épouvante sur le bord de la rivière, qui est l'endroit le plus habité du pays, et celui où ils pouvaient faire le plus de ravage.

« Quinze jours après, j'appris qu'ils avaient paru à deux lieues du Bancok : j'y accourus avec quatre-vingts soldats, que j'embarquai dans mon ballon, le pays étant encore inondé. J'arrivai fort à propos pour rassurer les peuples : j'y trouvai plus de quinze cents personnes qui fuyaient devant vingt-quatre ou vingt-cinq Macassars qui étaient encore attroupés. A mon arrivée, ces furieux abandonnèrent quelques ballons dont ils s'étaient saisis, et se jetèrent à la nage. Je fis tirer sur eux ; mais ils furent bientôt hors de la portée du fusil, et se retirèrent dans les bois. Je rassemblai tout ce peuple effrayé, je lui reprochai sa lâcheté et la honte qu'il y avait à fuir devant un si petit nombre d'ennemis. Animés par mes discours, les Siamois se rallièrent, et les poursuivirent jusqu'à l'entrée du bois, où voyant qu'il était impossible de les forcer, je retournai à Bancok.

« Je trouvai en arrivant deux de ces malheureux qui, ayant été blessés, n'avaient pu suivre les autres. Un missionnaire, nommé *Manuel*, les regardant comme un objet digne de son zèle, leur parla avec tant de force, qu'ils se convertirent, et moururent peu de temps après avoir reçu le baptême. Quelques jours après on m'en amena un troisième, que le missionnaire exhorta inutilement. Ce misérable ayant demandé si en se faisant chrétien on lui sauverait la vie, on lui répondit que non. « Puisque je dois « mourir, dit-il, que m'importe que je sois « avec Dieu ou avec le diable ? » Là-dessus il eut le cou coupé, et j'ordonnai que sa tête serait exposée pour donner de la terreur aux autres.

« Au bout de huit jours, quelques paysans tout effrayés vinrent m'avertir que les ennemis avaient paru sur le rivage, qu'ils y avaient pillé un jardin d'où ils avaient enlevé quelques herbes et une quantité assez considérable de fruits. J'y allai avec environ cent soldats armés de lances et de fusils ; j'y trouvai plus de deux mille Siamois qui s'étaient rendus sur le lieu où les Macassars avaient couché. Lassé de me voir mené si long-temps par une poignée d'ennemis, je résolus d'en venir à bout ; je partageai les deux mille hommes que j'avais en deux corps, que je postai à droite et à gauche, et je me mis avec mes cent hommes aux trousses de ces bêtes féroces ; je suivis dans l'eau la route qu'ils s'étaient ouverte à travers les herbes : comme ils mouraient presque de faim, ne se nourrissant depuis un mois que d'herbes sauvages, je vis bien qu'il était temps de ne les plus marchander, surtout n'ayant avec moi que des hommes frais dont je pouvais tirer parti. Dans cette pensée, je leur fis doubler le pas : après avoir marché environ une demi-lieue, nous

21*

aperçûmes les ennemis, et nous nous mîmes en devoir de les joindre.

« Je les serrais de fort près. Pour m'éviter, ils se jetèrent dans un bois qui était sur la gauche, d'où ils tombèrent sur une troupe des miens, qui, du plus loin qu'ils les aperçurent, firent une décharge de mousqueterie hors de portée, et se sauvèrent à toutes jambes. Cette fuite ne me fit pas changer de dessein ; je joignis encore les ennemis, et je rangeai mes soldats en ordre de bataille. Comme nous avions de l'eau jusqu'à mi-jambe, les Macassars ne pouvant venir à nous avec leur activité ordinaire, gagnèrent une petite hauteur entourée d'un fossé où il y avait de l'eau jusqu'au cou. Je les investis, et m'approchant d'eux à la distance de dix à douze pas, je leur fis crier par un interprète de se rendre, les assurant que, s'ils se fiaient à moi, je m'engageais à leur ménager leur grace auprès du roi de Siam. Il se tinrent si offensés de cette proposition, qu'ils nous décochèrent une de leurs lances pour nous témoigner leur indignation ; et se jetant un moment après dans l'eau, les crics entre les dents, ils se mirent à la nage pour nous venir attaquer.

« Les Siamois, encouragés et par mes discours et par mon exemple, firent si à propos leur décharge sur ces désespérés, qu'il n'en échappa pas un seul. Ils n'étaient plus que dix-sept; tous les autres étaient morts dans les bois, ou de misère, ou des blessures qu'ils avaient reçues. J'en fis dépouiller quelques uns que je trouvai tout secs comme des momies, n'ayant que la peau et les os; ils portaient tous sur le bras gauche ces caractères dont on a parlé. Telle fut la fin de cette malheureuse aventure, qui pendant un mois me causa des fatigues incroyables, et faillit me coûter la vie. »

FIN DU QUINZIÈME VOLUME.

TABLE DES MATIÈRES.

SECONDE PARTIE — ASIE.

LIVRE III.

PARTIE ORIENTALE DES INDES.

Pages

CHAPITRE PREMIER. — Arakan, Pégou, Boutan, Assam, Cochinchine. 5

CHAPITRE II. — Tonquin. 37

CHAPITRE III. — Voyage du père Tachard à Siam. 106

CHAPITRE IV. — Observations sur le royaume de Siam, tirées des Mémoires du chevalier de Forbin. 196

FIN DE LA TABLE.

HISTOIRE NATURELLE

DE BUFFON,

60 VOLUMES IN-18,

ORNÉS DE 700 FIGURES,

à **15** sous le volume pour Paris,

et 18 sous pour les départemens.

IL PARAIT, AVEC CHAQUE VOLUME, UN CAHIER

DE QUATRE PLANCHES,

LIVRÉ GRATIS AUX SOUSCRIPTEURS.

HISTOIRE

DE NAPOLEON

ET DE

LA GRANDE ARMÉE.

8 VOLUMES IN-18,

ORNÉS DE GRAVURES ET PORTRAITS.

à **15** sous le volume pour Paris,

et 18 sons pour les départemens.